AF482374

CÁNCER
¿POR QUÉ A MÍ?

Bárbara Hernández Menéndez

CÁNCER
¿POR QUÉ A MÍ?

EDITORIAL
Letra Minúscula

Primera edición: mayo de 2024
ISBN: 978-84-10059-83-2
Copyright © 2024 Bárbara Hernández Menéndez
Editado por Editorial Letra Minúscula
www.letraminuscula.com
contacto@letraminuscula.com

Índice

AGRADECIMIENTOS

Si eres una persona que te has cruzado en mi camino, también eres partícipe de estas palabras, porque todas y cada una de las almas a las que he conocido siempre me han hecho sentir que hay algo más...

Ahora cambiaré el rumbo de esta enfermedad llamada cáncer y que da tanto miedo solo con escucharla...

A mi marido, que le quiero con locura; nuestro lema **"AMOR PARA TODA LA VIDA"**. A mis hijos, ¡¡¡¡que les amo!!!!

A mi gran familia, a mi madre y a mi padre, con amor incondicional.

A mis hermanos, que les adoro y que han vivido mi experiencia con muchísimo dolor.

A mis ángeles, una de ellas Amalia (para los amigos Ami). Ella sabe que para mí fue muy importante en ese momento tan crucial, ya que me ayudó a agilizar el proceso antes de mi diagnóstico, porque si ella no hubiese estado en mi camino, ahora tú probablemente no estarías aquí conmigo leyendo mi experiencia. No creo en las casualidades, sino en la causalidad. ¡¡Las cosas, las circunstancias y las vivencias pasan siempre por un porqué!! Ella es otro gran porqué, a la que estaré enormemente agradecida. ¡Ha sido un ángel maravilloso!

Otra de las personas a las que quiero dedicar estas palabras es Alicia. Ella me ayudó a elegir lo mejor para mí e hizo posible que las intervenciones fueran de mi elección, ¡¡¡También me ayudó a encaminarme hacia lo que de verdad me hacía feliz!!!

Por todo ello os doy las gracias, me habéis guiado en este proceso y ayudado a tener claro las decisiones más importantes de mi camino.

Y, por supuesto, también le agradezco a toda mi familia, porque ha estado siempre a mi lado. Gracias abuela, ti@s, prim@s...

GRACIAS DE TODO CORAZÓN.

DEDICATORIA

A ti, te dedico este libro que lees estás palabras, porque haces que mis impulsos de felicidad se escriban. Llegar y conectar con tu corazón es mi intención.

Ahora, mi querido lector, te mostraré todas las claves que han hecho posible este maravilloso mensaje de vida. Para ti mi gran historia, te la regalo.

¿CREES QUE TODO ES POSIBLE?

¡¡¡¡Sí!!!!

¡¡Todo, absolutamente todo, es posible!!

Eso sí, la posibilidad de que sea posible tiene un secreto. ¿Te digo cuál?

Cuando empieces a leer mi historia, de darás cuenta de una cosa, y es que el título tiene la clave.

Si lo que piensas, sientes e imaginas lo haces vibrando con energía positiva, sin olvidar una de las claves fundamentales, como es el amor, todo es posible. Estos son los ingredientes perfectos para que surja la magia.

AMOR, COMPASIÓN Y FE

Te desgranaré todos los secretos.

Esta lectura tan esencial será una guía para no perder nunca las ganas de seguir adelante, ¡¡¡nunca las ganas de vivir!!!

Gracias a estas palabras vivirás cada día como único e irrepetible, como increíblemente mágico, y sentirás que tu corazón vibra tan alto que desearás compartir y transmitir tu propia experiencia. Esta es una llave para abrir ese maravilloso universo.

Eres actor/actriz de tu propia vida, de tu propia historia. Piensa y crearás.

Tu vida sigue a tus pensamientos. Solo tú podrás cambiar los sucesos. Este libro hará que tengas un antes y un después.

Te contaré mi experiencia y entenderás cómo he sido dueña de mis propios momentos, porque así he atraído mi realidad.

¡Y TÚ TAMBIÉN PUEDES CONSEGUIRLO!

Tu energía vibra según tus pensamientos, acciones y sentimientos, por eso estas tres activaciones juntas harán que recibas esa energía como verdadera. Todo átomo se compone de energía y toda materia es consciencia. Esta, a su vez, se materializa, se convierte de una forma u otra según tus sentimientos, pensamientos y emociones, ¡¡¡así que solo tú podrás cambiar esa vibración!!!

Es un libro muy especial. Si sientes cada palabra, se creará un sentimiento en tu corazón. Estas se inyectarán y traspasarán a tus células, y crearán magia en tu ser, te lo aseguro. Confía en ti, tú eres el creador de todo, de absolutamente todo lo que sucede en tu vida. ¡¡Te lo aseguro!!

Esta es una lectura diferente, ya que sentirás mi presencia en todo momento. Jamás estarás solo/a. Verás que escribo la palabra «cáncer» muy a menudo. Para mí no tiene el efecto del miedo.

Quiero transformar la palabra cáncer en amor. ¿Crees que es difícil?

TE DIRÉ QUE NO.

Como lectora de libros, me gustan las historias que están basadas en hechos reales. Cuando las leo, me pregunto: ¿¿Esto lo han vivido de verdad??

Así que cuando me voy acercando al final, imagino cómo será. El final que me ha hecho creer una cosa y luego es otra me deja huella al instante. Por eso quiero compartir mi historia. ¿¿¿Qué crees que pasará???

Esta lectura está llena de emoción, de ilusión y de momentos muy importantes que he vivido durante el cáncer. Te contaré mis secretos y mi experiencia de vida. Voy a dejar que entres en mi **CORAZÓN** y estaré a tu lado en todo momento. Te quiero.

COMPASIÓN

Si estás ahora en este viaje y tienes cáncer, yo te invito a que me acompañes, a que compruebes que siendo consciente de todo los efectos y de todos tus síntomas, y que si escuchas a tu ser, podrás sentirte feliz.

Suena raro, ¿verdad?

La felicidad tiene muchas expresiones. Cuando estas feliz, ¿cómo te sientes? Resulta muy incómodo o raro decir que eres feliz cuando te llega una enfermedad, o que estas agradecido por haber pasado por ella.

Te explicaré en qué consiste.

Esta expresión en muchas ocasiones se malinterpreta, ya que se confunde y se piensa que eres más feliz que antes de tener cáncer, y no es así, sino que la enfermedad te ha complementado y aumentado tu experiencia de vida.

Gracias a ella, tuve experiencias que, de no haber estado el cáncer en mi vida, nunca hubiese escrito estas maravillosas palabras de amor.

Por eso digo que agradezco a la enfermedad, ya que me ha dado la respuesta a lo que soy, y porque a ti te ha dado la bienvenida.

Transformaré el paradigma que hace sentir cuando te dicen que tienes cáncer y esta es tan temida a... «¿por qué tengo cáncer?».

En esta vida tengo la oportunidad de hacer algo ¡¡¡increíblemente maravilloso!!! Escucha bien lo que te voy a contar.

¿Qué órgano del cuerpo nunca tiene cáncer? ¿¿Te lo has preguntado alguna vez??

¡EL CORAZÓN!

¿Por qué crees?

Te diré lo que yo pienso, cada instante que vives es un momento único e irrepetible, un momento que jamás volverás a vivir. Nada vuelve a ser lo mismo. ¿Te has preguntado esto alguna vez? Yo sí, y me he dado cuenta de que ¡¡todo momento es distinto!!

Vuelvo a pensar y digo: «¿¿Podría suceder de nuevo este mismo instante??» E inmediatamente pienso: «¡¡nunca se repite!!» En el planeta vivimos siete mil ochocientos millones de personas. ¿Te imaginarías que un lunes, todos los seres humanos que se levantaran a las 9:00 a. m. en su primer minuto de vida hicieran sus tareas como un día cualquiera, y que al día siguiente se repitiera exactamente igual que el día anterior?

¡No ocurre jamás!

Cada instante es ¡único!

Entonces dirás «¿qué tendrá que ver el **CORAZÓN?**».

Siento que el corazón es un motor como lo es el ser humano, ya que es el órgano que más trabaja del cuerpo humano y es el encargado de transportar la sangre al resto de los órganos, tiene cuatro válvulas. Te pondré en contexto de lo que siento.

EL CORAZÓN & EL SER HUMANO

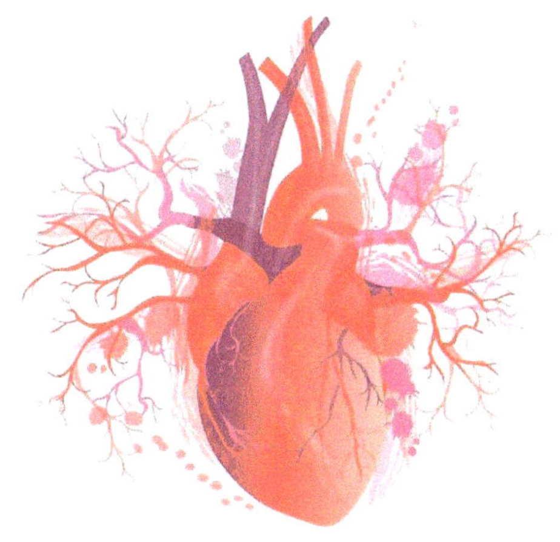

SALUD

La válvula pulmonar controla la circulación sanguínea, la cual va desde el ventrículo derecho hacia las arterias pulmonares.

TRABAJO

La válvula tricúspide se encarga de dirigir la corriente sanguínea entre el ventrículo derecho y la aurícula derecha.

ABUNDANCIA

La válvula mitral se encarga de que la sangre que contenga mayor cantidad de oxígeno en los pulmones atraviese la aurícula izquierda hasta ventrículo izquierdo.

FAMILIA

La válvula aórtica se encarga de que la sangre nutrida de oxígeno vaya del ventrículo izquierdo a la aorta, que es la arteria de mayor dimensión en el cuerpo y es la que tiene como función primordial hacer que la sangre llegue al resto del cuerpo.

¡EL CORAZÓN ES EL REFLEJO DEL SER HUMANO!

Las cuatro válvulas por las que está formado son los cuatro pilares fundamentales en este mundo terrenal. La primera válvula la reflejo con la salud, ya que controla que la circulación sea la correcta. La segunda válvula la reflejo con el trabajo, nuestra verdadera vocación, ya que dirige la corriente (energía). La reflejo con el trabajo porque nuestro día a día se dirige hacia nuestra acción. La siguiente válvula es el reflejo de la abundancia, ya que se encarga de que la sangre contenga la mayor cantidad de oxígeno, así que la abundancia sería la válvula mitral, el oxígeno serian nuestros ahorros y, por último, ¡la válvula del amor! Esta se encarga de llevar la sangre nutrida. Su función principal es la de transmitir amor a todo el cuerpo, y, por supuesto, la reflejo con la familia, ya que la familia universal es un pilar fundamental. Tenemos que ser generosos, amorosos, compartir lo que de verdad importa y valorar los momentos que no volverán a ocurrir.

Para mí el **CORAZÓN** es un claro ejemplo del ser humano, así que si alguna de las válvulas que nos rodean en el día a día no funciona bien, este empezará a fallar.

Por ejemplo, si nuestra válvula del trabajo (mundo laboral), está algo confusa, no nos sentimos a gusto con lo que hacemos diariamente, trabajamos por obligación o trabajamos en algo que no nos gusta. De modo que lo que conseguiremos al cabo de un tiempo será malestar, tristeza, ira. Estas son emociones que poco a poco bloquearán el flujo energético y harán que nuestro cuerpo empiece a enfermar. A su vez, se bloquearía la válvula de la salud, y esto embaucaría a nuestras válvulas de la **ABUNDANCIA Y FAMILIA**, lo que daría como resultado un fatídico final.

¿Quieres tener resultados?

Cuando el ser humano se separa de su ser, empieza a enfermar, así que te recomiendo que todo lo que hagas, lo hagas ¡desde **Y CON EL CORAZÓN!**

Así, tendrás una vida plena y llena de **PROSPERIDAD**.

«EL CORAZÓN ES EL ÓRGANO MÁS AUTÉNTICO DEL ALMA,
ES LA ESENCIA DEL SER».
BÁRBARA HERNÁNDEZ

Ahora que has aprendido que el motor energético es el **AMOR**, quítate de tu mirada la venda que se ha ido colocando en tu ser por la sociedad, por las creencias y por circunstancias que te han rodeado a lo largo de tu vida. Te diré que el cáncer hará que **ACTIVES** los sentidos que hasta ahora estaban dormidos en lo más profundo de tu ser. Ahora se harán visibles y palpables para ti. Ahora se harán notar. Ahora disfrutarás de cada instante, de cada momento con más intensidad. Ahora saca a tu **YO VERDADERO** y haz lo que de verdad te haga sentir ¡feliz!

FE

¿¿Sientes esa vocecita que a veces se hace oír, pero que la ignoras por falta de confianza en ti?? Pues después de leer mi historia, te darás cuenta de que esa vocecita ¡¡es maravillosa!! Esa vocecita es la intuición.

También te mostraré herramientas fáciles y sencillas que harán que tu camino esté lleno de experiencias positivas.

COMPARTIR, TODO ES POSIBLE

El conocimiento que he adquirido durante este proceso ha sido aprender algo nuevo cada segundo. Todos los cambios que mi cuerpo ha tenido son y serán unas marcas que me han servido para darme cuenta de que todo está conectado y que son el claro ejemplo de mi esencia.

Siento que nuestra alma, nuestro ser interior, nos habla cada día. Pensamos, sentimos, imaginamos, visualizamos… cada momento de nuestra vida, así que… ¿Cómo me siento hoy?

¡HOY ME SIENTO VIVA!

Quiero que esta lectura sea diferente, sea única, sea especial, sea una guía para que si estás pasando por la enfermedad, sientas que estoy a tu lado en todo momento. No me sueltes la mano, ¡¡¡yo te acompaño!!!

Me ha rondado muchas veces por la cabeza eso de:
¿Y POR QUÉ A MÍ?

¿Empezamos?

Ahora retrocedo a ese momento y puedo estar segura de que todo, absolutamente todo, tiene un sentido. Vi y sentí que dentro hay una maravillosa luz que me guiaba, ¡y tú la tienes! ¡Está contigo! como lo ha estado conmigo. Somos seres de **LUZ**, también ilumina tu camino.

¡Siento felicidad plena! Y quiero compartirla contigo.

Quiero que retrocedas por unos segundos a una vivencia de la infancia. Sigue leyendo cuando tengas esa imagen. ¿Te acuerdas cómo jugabas? ¿Cómo reías?

Ahora siente que estás en ese preciso momento, pero siéntelo de verdad, no es lo mismo imaginarte comiéndote un limón a… **SENTIRTE COMIÉNDOTE UN LIMÓN.** Verás que tu boca empieza a salivar como si el ácido del limón se exprimiera en tu boca. Así que, ahora que has entendido lo que es **IMAGINAR** y lo que es **SENTIR,** haz este ejercicio.

Respira profundamente y déjate llevar.

Mantén la respiración el máximo tiempo posible.

Suelta despacio ese aire, sintiendo todo lo malo que pase por tu mente.

Vuelve a la imagen de niñez.

¿Sientes esa escena? Te pediré por un momento que cierres los ojos (esto es importante, al cerrar los ojos hace que actives tus cinco sentidos y que empieces a sentir en tu cuerpo cosas que puedan incomodarte). De nuevo, tómate el tiempo que sea necesario. Ahora respira otra vez, inhala aire por siete segundos, mantén la respiración por cuatro segundos y suelta el aire despacio, sintiendo la escena como si estuvieras viviendo en tu infancia. Quédate **SOLO** con vivencias **POSITIVAS.** Vuelve a coger aire una última vez, mantenlo otros cuatro segundos y expulsa de nuevo todo el aire, pero esta vez con más fuerza, como si soplaras tu vela de cumpleaños. ¡Felicidades! Sentirás en tu cuerpo sensaciones diferentes a las que tenías antes de leer estas líneas. Cuando hayas notado esos cambios, significa que estás conectando con tu ser. Es posible que ahora te sientas triste, o que experimentes rechazo o que te sientas inmensamente feliz. Ahora ya estás en tu frecuencia **UNIVERSAL**. Ahora estás más consciente de tu alma. Esta emoción está comunicándose contigo mediante sensaciones. Eso es sentir, eso es vibrar, eso es… ¡Conectar!

Cuando somos niños, nuestra **ALMA** es pura, inocente, no tenemos creencias infundadas por la sociedad, vivimos en el presente, vivimos en armonía. Esa sensación de recordar momentos vividos con **ALEGRÍA** y de recordar pasajes de **FELICIDAD**, es **ENERGÍA PURA**, es **ENERGÍA POSITIVA**, porque nos hace estar presentes en el instante en el que sucedieron.

¡¡Así me siento yo en constante vibración!!

Este ejercicio tan sencillo te hará entrar en armonía con tu estado de ánimo, te relajará y te calmará la mente, y los pensamientos que te generan emociones negativas poco a poco se irán desvaneciendo…

Respira hondo y coje aire, porque sé, que lo que leas aquí te dará una visión más clara de que no sabemos todo, y de que el **TODO** es **UNO**, y uno para mí es **INFINITO**.

Quiero que a partir de ahora transformemos la sensación que te genera en la mente la palabra **CÁNCER** por una sensación de **AMOR**. Te parecerá al principio un poco difícil de transformar, por ello tendrás que ser consciente y parar en ese momento para hacer la respiración, y poco a poco se implantará en tu **MENTE**. Como te dije al principio, será difícil, pero llegará un momento en el que lo lograrás sin hacer un mayor esfuerzo.

EL ORIGEN

Me llegó inesperadamente (eso pensaba yo), como, según creo, a todas las personas a las que les ocurre, así que todo me llegó por sorpresa.

Te contaré que antes del diagnóstico de la enfermedad estuve un año y medio haciéndome pruebas, porque me noté que los ganglios del cuello estaban inflamados. No quiero decir que si tienes los ganglios inflamados sea cáncer, pero si notas un cambio en tu cuerpo que te llame la atención, sí decirte que vayas al médico para que te realicen las pruebas oportunas.

No dejes pasar el tiempo. Si de verdad te quieres, no te dejes en el abandono, tú eres un ser maravilloso, ¡un SER DE LUZ!

Estuve con consultas sucesivas y llegaron a la conclusión de que era una linfadenitis reactiva. Me hicieron biopsias del cuello en varias ocasiones, todas con resultados negativos para malignidad.

Imagínate durante un año y medio dando tumbos de un especialista a otro. Buscaba información por todos los sitios, en internet, en libros de medicina, entre otras fuentes. Buscaba todo lo que estuviese relacionado con los síntomas de ganglios inflamados. Me estaba obsesionando de una manera descontrolada.

No había día que no buscara en páginas de Internet para ver si tenía o no cáncer. Seguro que a ti te habrá pasado.

Estuve tanto tiempo comiéndome la cabeza…

Te recomiendo no buscar mucha información por internet, ya que puede crearte angustia y ansiedad. Lo único que te va a provocar es incertidumbre y no saber lo que de verdad tienes. Por eso, como te dije anteriormente, si sientes que tienes algo, ve a la consulta del médico inmediatamente. Ellos son los profesionales y los que te pueden orientar. Hacerse una autoexploración es importante, de ahí que me noté que los ganglios estaban inflamados, ahí fue cuando me descubrí el bulto en mi pecho derecho. Explico esto porque, de alguna forma, siento en mi interior que inicié un camino gracias al cual hoy me siento ¡¡más VIVA que nunca!! Siento que los pensamientos son energía y que esa energía se transforma y materializa en nuestro campo físico.

Mientras tanto, mis pensamientos en algunos momentos del día me jugaban malas pasadas. «¿Y si tengo CÁNCER?»

Porque confirmado aún no lo estaba… «¿Y si el resultado de la biopsia dice que tengo un tumor?».

Todos esos pensamientos rondaban en mi cabeza. También pensaba en mis hijos, en mi familia, en mis amigos… Ellos estaban al tanto de mis citas médicas. La noticia de que tuviera cáncer sería un duro golpe para ellos.

SUENA EL DESPERTADOR COMO UN DÍA CUALQUIERA, PERO, DE REPENTE, ABRES TUS OJOS Y TE DAS CUENTA DE QUE ALGO HA CAMBIADO.

No se me olvidará jamás aquel momento, un momento que quedaría congelado en la parte más profunda de mi alma.

Estaba en la bañera llena de agua para tomar un baño relajante, cerré los ojos y mi mente empezó a pensar.

¿Y SI ES CÁNCER?

Este pensamiento vino a mi mente cuando me estaba enjabonando. No sabía por qué. Ahora sí sé por qué; era mi cuerpo, me estaba avisando, me estaba alertando. Al pasar la esponja para enjabonarme, me toqué la axila y noté un pequeño bulto, y en ese preciso instante sentí un escalofrío por todo el cuerpo. El vello se me puso de punta. En ese momento sentí que de verdad tenía cáncer. Mi cuerpo me estaba alertando que algo no iba bien, y entonces me di cuenta de que tenía Cáncer.

Pequeñas lágrimas ácidas caían por mi mejilla. Metí la cabeza dentro del agua y solté un inmenso dolor, una rabia desde lo más profundo de mi ser.

¡TENÍA CÁNCER!

GRITÉ AL CIELO: ¡¡¡¡¿POR QUÉ A MÍ?!!!!!

Lloraba de dolor. Sabía que mi vida iba a cambiar. ¡¡Pensaba en la muerte!! Mi cuerpo se encontraba en un estado que no podía parar de llorar. ¡¡Tenía tan solo treinta años!! Con dos hijos, un marido y familia idílica. ¡¡¡No podía ser!!!

Pero estaba muy segura de lo que mi cuerpo me comunicaba. Fui totalmente consciente de ello. Esto fue un antes y un después. Mi cabeza no podía dejar de pensar. Me venían imágenes de personas que habían estado en la misma situación y que tuvieron un final desalentador. Ahora era yo la protagonista de esta historia, una historia que cambiaría por completo la visión de mi realidad.

Fui a la consulta de mi médica de cabecera y le expliqué lo que había sentido, porque llevaba año y medio de consultas y finalmente me habían diagnosticado linfadenitis reactiva.

Entré a la consulta y le expliqué a la doctora lo que me había sucedido, que mientras me bañaba me encontré un bulto en la axila, e inmediatamente ella me dijo: «a ver que te ausculto. Quítate la camiseta». Me levantó el brazo y, a pesar de que me estaba haciendo daño donde yo me había encontrado el bulto, me daba la sensación de que no lo encontraba.

—A ver, lo que tienes aquí es un músculo —me dijo a continuación.

—No, ahí no, le digo que es más profundo, miré —le dije.

—Que no, Bárbara. Que lo que tienes ahí es un músculo —me dijo.

—¡No, ahí no! ¡Es aquí! —Le repetí, porque yo de verdad lo sentía.

Le señalo con el dedo donde yo tocaba el bulto. Sin embargo, ella parecía no estar a gusto con mi reacción. Ella vio que yo no estaba convencida con su diagnóstico (yo en ese momento me estaba sintiendo mal), y a mí me daba la sensación de que no me creía, ¡como que le pareciera que había ido al médico por gusto! Como si yo no tuviese otra cosa que hacer que estar perdiendo el tiempo. ¡¡Como si de verdad no tuviese nada más que hacer, por Dios!! Así que llamó a una compañera para que corroborara lo que ella decía.

Inmediatamente vino la doctora y me dijo: «sí, noto aquí algo. Le mandaré una mamografía de urgencia». En ese momento esperé una disculpa por parte de la doctora que me vio en un primer momento, pero ni si quiera se despidió al salir de la consulta.

Pasaron los días y me llegó la cita para la mamografía. Para mi sorpresa, ¡¡¡¡¡¡¡tenía la prueba para siete meses después!!!!!! Pensé: «¡¡Dios mío!! No puedo esperar tanto tiempo», así que tomé acción.

¿Qué te parece? ¿Te ha pasado a ti algo parecido? Como sabía que mi cuerpo me estaba avisando, lo que hice inmediatamente fue llamar a mi amiga Ami. ¡¡Ella ha sido un ángel en mi vida!! Ese ángel que aparece cuando más lo necesitas.

¡¡¡GRACIAS, AMIGA!!!

Ella me dijo: «vente a mi hospital, a ver si te puedo ayudar. Miraré que te hagan una ecografía urgente». Al día siguiente me acerqué al hospital. Yo estaba muy nerviosa porque sabía que iba a recibir una noticia que cambiaría el rumbo de mi vida.

Me llamaron para entrar a la consulta y la doctora me dijo: «quítate la camiseta y túmbate en la camilla». Ahí empezó TODO.

Me echaron el líquido frío para que el ecógrafo pudiese resbalar más fácilmente. Mi mirada estaba clavada en la pantalla de la máquina que tenía enfrente. Veía círculos negros. Me quedé por un momento con todas las imágenes que salían, y la doctora sin hablar ni una palabra. Cuando el examen hubo terminado, me dijo: «ya hemos acabado. Puedes vestirte».

La prueba duró como unos diez minutos. Al finalizar, me miró a los ojos. No olvidaré esa mirada, fue estremecedora. Sin parpadear me dijo: «Bárbara, pide cita mañana mismo en tu hospital, y lleva la documentación que te voy a dar ahora».

Me entregó todos los resultados, pero inmediatamente me dijo que se tenía que ir. Yo sentía que no quería darme muchas explicaciones, ya que no era mi centro médico y ella tenía que seguir pasando consulta. Así que mi marido y yo salimos de la sala e inmediatamente llamé a mi amiga, pero estaba en su consulta y me dijo que no podía bajar a verme. Me preguntó que qué me había dicho la doctora. Le dije: «nada, amor, solo que pida cita mañana mismo en el hospital». Ella marcó un silencio que hizo que la confirmación que tuve en la bañera fuese cierta.

¡TENÍA CÁNCER!

Me dijo que la llamase con todo lo que me dijeran en el hospital. Esa noche dormí muy poco. ¡Se me planteaban tantas dudas! Por un lado pensaba que no me habían dado un diagnóstico aún, pero por otro lado, en mi interior sabía que tenía cáncer.

A la mañana siguiente, fui al Hospital y entré directamente en Ginecología. No tenía cita, pero como me habían dado la cita de la mamografía ¡¡¡para dentro de siete meses!!! Esa fue una de las cosas, junto con la prueba del día anterior, para que sí o sí me atendieran. No admitiría un no por respuesta. Allí entró en juego la acción. Era mi sentimiento hacerlo así. Me dirigí a la puerta y toqué. Salió una mujer.

—¿Tiene cita? —Me preguntó la enfermera.

—No, pero tienen que atenderme, vengo de Urgencias —le respondí.

—¿De urgencias? —Me preguntó sorprendida.

—Sí, vengo porque me han dicho que me venga hoy urgentemente al hospital —le respondí.

—Vale, pues espera a que te llamemos.

Me llaman. Entro en la consulta y les saco todo el informe que me habían dado el día anterior en el hospital. Una vez lo tuvo en sus manos, ella, con una cara de desprecio me mira y empieza a leer. Cuando termina, su cara cambia y me dice:

—Sabes lo que te están diciendo, ¿verdad?

—No, pero me imagino lo que es.

—Pues que te den este diagnóstico con solo una ecografía ¡¡es arriesgarse demasiado!!

—¿Arriesgarse? ¿Y esperar siete meses para que me hagan una prueba? ¿No cree que eso sí es arriesgar mucho tiempo? Ya estoy arriesgando demasiado, ¿no cree?

Su mirada me lo dijo todo. Su actitud cambió, pero me da mucha rabia que tengas que sufrir una situación tan incómoda cuando lo único que quieres es que te hagan pruebas y lleguen a un diagnóstico certero, no que estén tanto tiempo mareándote de un sitio a otro. ¿Por qué? ¿Porque no les dio por pensar que podía ser cáncer de mama?

De hecho, recuerdo que cuando estaba realizándome pruebas, les dije a mis padres que tenía un presentimiento de que no iban a ser buenas noticias, y mi padre dijo: «anda, hija no digas eso», pero dentro de mí ya sabía que tenía cáncer.

El problema fue cuando me hacían resonancias, ya que siempre me ponían unas bandas de protección radiactiva a la altura del pecho, esas que son como de metal. No habían pensado ni por un momento que podía tener un tumor en las mamas.

Esta situación por la que estaba pasando me llevaba a la desesperación. Y pensaba: «he pasado casi un año de pruebas, yendo de un especialista a otro, y nunca llegaron a un diagnóstico acertado».

¡CUÁNTAS PERSONAS EN EL MUNDO ESTARÁN EN LA MISMA SITUACIÓN!

Así que terminaron dando lugar a que podía ser una linfadenitis reactiva. Este fue en un primer momento el diagnóstico de Medicina Interna.

Me entristece solo de pensar que si no hubiese sido porque me note el bulto en la axila, igual no estarías leyendo mi historia. Ese momento para mí fue ¡crucial!

¡LA SANTA BAÑERA!

Una parte muy importante de la historia es el acompañamiento. Te hablaré de mi compañero de viaje, mi marido, al que amo con locura. Llevamos veinticinco años juntos. Le conocí muy jovencita, con quince años, y llevamos más de la mitad de nuestra vida juntos. Jamás se ha separado ni un momento de mí.

Ha sabido estar cuando más le necesitaba, también supo permitirme mis momentos de soledad (estos han sido muy reflexivos para mi alma e importantes para mi despertar).

Mi marido, cuando **YO** le reclamaba, venia sin más y con su actitud serena me cogía de la mano con fuerza y me decía: «¡¡¡*TE AMO*!!!».

Otra figura muy importante ha sido mi madre. Ella sabía con solo mirarme lo que necesitaba, tan servicial, tan amorosa, ¡¡*TAN MADRE*!! Para mí, otro pilar fundamental. Gracias a ella me sentí arropada. Ha sido mi muro de resistencia, ha sido mi oxígeno para seguir viviendo, ¡Gracias, mamá, te quiero!

Todos los seres que estén en tu vida y que te aporten **AMOR**, serán ángeles de luz. Confía en ellos. Si de verdad los necesitas, reclámalos, ellos estarán a tu lado. ¡¡¡Solo tendrás que **EXPRESARLO**!! ¡¡No te escondas!!

Pero sobre todo, la figura más importante eres **TÚ**. Yo **SIEMPRE HE ESTADO CONMIGO MISMA**. Tú eres tu mayor lección de vida, quererte a ti mismo/a será tu mayor reto. Mírate en un espejo y observa tus ojos, ¿¿¿qué te dicen??? Ellos también expresan tus sentimientos. Atrévete, solo te llevará unos minutos, ¡¡¡hazlo!!! ¿¿Qué ves?? La respuesta será clara. Este ejercicio lo hacía solo cuando me acordaba, y es que cuando estas conectado/a con tu alma, esta te envía señales de autorreconocimiento. Yo me miraba a los ojos y decía: «¡¡¡*A POR ELLO*!!!».

No necesitamos que nadie nos diga quiénes somos. ¿¿Acaso tú no lo sabes?? El mundo exterior es un reflejo de tu mundo interior. Por ello es **IMPORTANTÍSIMO** activar nuestro **EMPODERAMIENTO**. Este será nuestro mayor aliado. Yo nunca me he sentido sola, ¡¡nunca!! Siempre ha estado junto a mí, siempre ha estado ¡mi alma!

Una semana después…

En el hospital tuvieron que solicitar de nuevo ecografías, mamografías y demás estudios, ya que la ecografía había sido en otro centro y, aunque presentara un resultado tan claro, ellos tenían que seguir su protocolo.

Eso sí, todo ahora cambió, fue súper rápido, así que en unos días tenía realizadas todas las pruebas: las ecografías, la mamografía y la punción.

A la semana siguiente ya me citaron para ir a por los resultados. Fue como subir un último escalón de una escalera interminable. Eso sí, algo era distinto, cerraba un círculo de sucesos que hasta entonces vivía en una incertidumbre constante. Por fin había llegado el final de un principio incomprendido. Fue la clara respuesta del verdadero diagnóstico.

Me citaron un viernes por la tarde, y esta vez a la consulta vinieron mi madre y mi marido. Al llegar a la planta de oncología nos sentamos. Allí estábamos esperando los tres. No había nadie, solo nosotros tres. Estábamos impacientes, esperando a que mi nombre se escuchase por megafonía. Recuerdo que los minutos parecieron horas. La sala estaba vacía, no había nadie esperando, solo nosotros, y, de repente… suena mi nombre: «*BÁRBARA HERNÁNDEZ, PASE A LA CONSULTA*». Nos levantamos sobresaltados, y sin pensar recorrimos el pasillo que nos dirigía hacia la puerta. Sentía como mi corazón latiera a mil por hora. Intentaba mantener la calma, pero me resultaba imposible.

Recuerdo dejar atrás a mi madre y a mi marido, como si se tratase de una carrera; ¡¡No podía ser la última en llegar!! Tenía que ser la primera en entrar.

La puerta estaba cerrada, y como si tocar con mis nudillos fuera la clave secreta para que en el interior se escuchase…

«¡Pueden pasar!» Abrí la puerta con una energía abismal, cogí aire profundamente y... entramos. Al instante todos sentimos un silencio abrumador... pero allí estaba él, el Dr. Malón, un joven que no aparentaba más de treinta y cinco años, con una sonrisa de oreja a oreja que le caracterizaba. Nos sorprendió porque fue una bienvenida cercana. Aunque fue nuestra primera toma de contacto, parecía que le conociéramos de toda la vida.

Mi Dr. Diego Malón, al que doy las gracias por ser un médico excepcional, generoso, paciente, compresivo... todos los halagos se quedan cortos, no tengo palabras para agradecerle lo increíble que ha sido para mí en esta andadura tan difícil y tan compleja. Ha comprendido todos los procesos emocionales por los que pasé. Ha hecho que la enfermedad sea **¡¡¡UNA EXPERIENCIA INOLVIDABLE!!!**

GRACIAS, GRACIAS Y GRACIAS.

Actualmente sigo teniendo consultas de revisión, y como no podía ser menos, ahí siempre esta él.

Abrió una carpeta, sacó todos mis informes, y empezó hablar. Mientras tanto, en mi cabeza no paraban de venir imágenes. Parecía como si estuviera dentro de una película cuyo final ni me podía imaginar. En ese momento más que nunca era la protagonista y, como no podía a ser de otra manera, sería con la misma esencia, sería Bárbara, una historia verdadera, llena de emoción y, sobre todo, llena de mucho amor.

Ahora empezaba a subir otra escalera, pero esta vez la escalera costaría un esfuerzo mayor; la subiría cargada de emociones. «Podéis sentaros», dijo Malón. Rompió el silencio e hizo que los nervios que allí se sentían, se esfumaran como niebla al alba. Seguidamente cogió el informe y directamente dijo la frase tan temida que nadie en este planeta quiere escuchar:

«BÁRBARA, TIENES CÁNCER DE MAMA».

Por unos segundos se paró el universo. Miré a todos a mi alrededor, estaban impactados. Vi en sus ojos una mirada de preocupación, fue un impacto emocional muy grande. Les cogí a todos de la mano y les dije: «no pasa nada, todo será una experiencia más de la vida.

Mi madre, con lágrimas en los ojos, vio pasar por unos segundos la muerte de mi abuela. Ella falleció por cáncer de mama. Mi diagnóstico le hizo recordar a mi madre todo lo que ella había pasado con mi abuela, porque mi abuela (su madre) falleció muy joven, con apenas cincuenta años. Claro, ver que ahora su hija también padecía esta enfermedad…, pues era un palo muy grande. Siempre me decía: «**HIJA, ME TENDRÍA QUE HABER PASADO A MÍ**». Respondí: «mamá, tranquila, que todo va a salir bien».

Mi marido se quedó paralizado, ninguno reaccionaba, hasta que el doctor empezó a explicar en qué iba a consistir todo el proceso. Le llevó un tiempo, porque tuvo la dedicación y la entrega de ponerse a dibujar. Fue una manera didáctica, él Doctor, cogió lápiz y papel, e inmediatamente empezó a ilustrar cómo nuestro cuerpo actúa sobre las células. Esas antenitas que él trazaba, hacían de receptoras, éstas había que anularlas para que no siguiera avanzando la enfermedad.

Me encantó, porque se notaba que quería dejar claro cualquier duda que se pudiese dar. Todo lo decía con el máximo detalle para que nosotros le pudiésemos entender y para que fuera lo más compresible posible, dado que cualquier persona a la que le dijesen que tiene cáncer, experimentaría automáticamente una desconexión entre su cerebro y su ser. Por eso la mayoría de las personas no recuerda nada de lo que se les explicó en la primera consulta, cuando recibieron la tan temida noticia.

Diego vio en todo momento nuestras miradas atónitas y prestó la máxima atención para que cada palabra llegara a nuestra comprensión.

Cuando acabó de explicarnos todo, dije:

«VENGA, ¿POR DÓNDE EMPEZAMOS?»

TENGO CÁNCER

Cuando se lo dije a mi padre, a mi hermana y a mi hermano, fue un momento muy difícil. Ellos no se lo creían, pienso que es como si te estuvieran contando una película, pero esta vez era de verdad.

Para la familia de Raúl(mi marido), fue una noticia devastadora. ¡¡No se lo podían creer!! Después, mis padres y mis suegros lo fueron comunicando a los familiares. No era yo la que llamaba para decir que tenía cáncer. La verdad, no era un momento para ir llamando a todo el mundo para decírselo, sino que ya se encargaba la familia. A mis amigos más cercanos, como siempre nos veíamos, pues era inevitable no contárselos, y también fue para ellos una noticia fulminante. ¡¡¡Nadie se lo podía creer!!!

Luego, en mi entorno, como por ejemplo, en el colegio de los peques, en el supermercado y en otras partes, se iban enterando según me veían, ya que nunca usé pañuelo y la peluca tan solo la usé una vez. Con respecto a esto último, quiero agradecerle a la AECC (Asociación Española Contra el Cáncer) por el préstamo de dicha peluca. Muchas personas con cáncer desconocen que pueden solicitar una peluca en la asociación. Solo deben dirigirse a los talleres que realizan la asociación gratuitamente en los hospitales. Así cualquier persona que no tenga medios suficientes, o que no quiera comprar una, puede solicitarla en la asociación. A mí me la dejaron durante los tratamientos, pero solo la usé una vez, ¡¡¡y qué risa!!! Porque fue para ir a la sala de fiestas donde trabajaba mi hermano, ¡y en qué hora! Porque pasé un calor alucinante, ja, ja, ja, ja. Por supuesto, al final me la terminé quitando, porque sudaba y me picaba un montón. No la usé más, porque al llevarla me sentía otra persona, no era yo. Me miraba al espejo y veía a otra Bárbara. Pareciera como que estaba ocultándome de la realidad.

Respeto a todas las personas que quieran llevarla, no digo que lo que yo hice es lo correcto. Quiero aclarar que lo más importante es que te sientas feliz, y que si el llevar la peluca te hace sentir mejor, yo te animo a que la lleves. Acuérdate, sé feliz con lo que hagas, ese es mi lema, disfruta de la vida.

Luego, uno de los momentos más importantes de mi vida no pudo hacerse esperar: decírselo a mis hijos…

Yo jugaba con un *hándicap*, porque mantenía lactancia materna con mis dos hijos, y esa transición fue muy dura, había creado un vínculo de lactancia materna indestructible, era una conexión de alimento entre mis hijos y yo inseparable, ¡¡nos transportábamos a un lugar mágico!! ¡¡¡Era puro amor!!! No creí que dejar de amamantar por una obligatoriedad tan contundente, fuese algo tan terrible.

Cuando estaba embarazada de mi segundo bebe (Ainara), los médicos ya me avisaban «Bárbara al estar de nuevo embarazada tendrás que dejar la lactancia materna, porque si no, tendrás más probabilidades de activar las contracciones y que aceleres el trabajo de parto», bla, bla, bla, pero yo me sentía feliz siguiendo con lactancia materna. Escuché a mi cuerpo y seguimos teniendo ese vínculo madre e hijo tan mágico. Siempre he pensado que nuestro cuerpo es una máquina perfecta, y que somos capaces de producir en cada toma la leche ideal, yo la llamo «el oro líquido».

Después nació Ainara y seguí con lactancia en tándem, que, por supuesto, no interrumpí, pero finalmente el rumbo cambió y ahora la decisión se basaba en que tenía cáncer (respira).

Al confirmarme que tenía un tumor, empecé poco a poco a destetar. Tuve que empezar a trabajar mis emociones y también las de mis hijos, porque estuve durante casi ¡¡siete años con lactancia materna!! Había sido mucho tiempo, y dejar de golpe algo que para mí era mágico, fue devastador. Los médicos no daban crédito de que hubiera estado tanto tiempo dando el pecho.

Así que tuve que dejar de amamantar de manera obligada. Aunque no lo creas, tuve mi duelo. Sentí el dolor siendo consciente, y aprendí que la etapa de la lactancia tenía que finalizar. Venía el momento de vivir ese dolor y el de mis hijos...

Cerré de modo consciente otro capítulo más en el que me sentía feliz haciendo lo que hacía, pero era hora de cerrar otro círculo y de armonizarlo. Era inevitable. Debía dar la entrada a una experiencia desconocida y a través de la que, poco a poco, estaba sintiendo en mis carnes todos los acontecimientos inesperados de la vida.

Ese dolor era decir a mis hijos que ya no podía darles de mamar.

Preparé el momento. Sé que aunque son pequeños, nos entienden perfectamente. Nuestra familia se basa en un pilar fundamental, la comunicación. Así que, llegado el día, nos sentamos los cuatro y de manera simple dije los cambios que iban acontecer. Lo expliqué de una manera tan fácil…

«HIJOS, MAMI TIENE UN BULTO MALO EN LA TETITA».

No di más explicaciones, no dije nada más, porque sabía que siendo ellos tan pequeños, la respuesta seria directa. Fue la mirada verdadera, sentí que ellos comprendían perfectamente lo que les acababa de decir. Cada experiencia tiene su momento, y ese era el momento para avisarles que mamá ya no podría darles su tetita, y que esa etapa había terminado.

Sus miradas eran de tristeza, pero a la vez de **ACEPTACIÓN**. Entre lágrimas nos abrazamos tan fuerte que sus energías me llegaron hasta lo más profundo de mi alma. Sentí un calor tan agradable que me relajó. Fue tan mágico, tan unido…

Los abrazos son energía, y como energía transmiten **AMOR**. Los abrazos emiten sensaciones distintas. El abrazo es una fuente de oxitocina, una poderosa hormona de **AMOR** que surge de los estados de ánimos positivos, de los que consuelan y calman, también de los estados emocionales sufridos que favorecen las relaciones de confianza, de sinceridad, de compasión y de cercanía, entre muchas otras cosas. Para mí ese abrazo fue transmisor puro de AMOR. Les dije al oído entre susurros:

«MAMÁ ESTÁ BIEN».

Nunca se me olvidará cuando Aitor me dijo:

«SI TÚ ESTÁS BIEN, MAMÁ, NOSOTROS TAMBIÉN. TE QUIERO».

Fue un cierre de círculo consciente. Se armonizó el momento de comunicarles lo que estaba pasando. Seguro que te surgen muchas dudas, muchos miedos, pero siempre, siempre, hay que sacar el lado bueno de las cosas.

Comunicar a tus seres queridos que tienes CÁNCER (respira) no es agradable, pero, como sabrás, antes del diagnóstico, pasas por varias pruebas: análisis, mamografías, ecografías, biopsias... y entre tanto pasa el tiempo, y la familia y los amigos están impacientes por tus resultados. Aunque tú creas que no es así, muchos nos saben cómo actuar. Tal vez no te llamen porque sienten que te pueden molestar o porque no quieren que sientas la obligación de dar explicaciones... Nunca saben si van a actuar correctamente.

Sé tú el primero o la primera que digas cómo te sientes, así sabrán de qué manera pueden llegar a ti más fácilmente.

Te animo a que digas lo que sientes, a que seas una persona verdadera...

Yo he sido siempre sincera con ellos. Ellos siempre estaban pendientes de mí. Ellos sabían que me estaban haciendo pruebas, y claro me llamaban para preguntarme qué tal: «¿Y qué te han dicho?» «¿Y ahora qué te van a hacer?» Entre otras cosas.

Si expresas lo que sientes, siempre sabrán cómo actuar contigo. Ahora, si te encierras en tu soledad, lo único que vas a conseguir es apartarte del mundo exterior y que no actúen como de verdad ellos quieren. Así que ¡muéstrate al mundo tal y como eres!

¡TÚ ERES ESPECIAL!

Luego, en el colegio participaba como voluntaria en los talleres de clase, en el teatro, etc..., y claro, los niños veían un cambio bastante llamativo en mi físico. Pasé de tener una melena súper larga a ir cortándome poco a poco el pelo, ¡¡hasta que un día ya no tenía nada de pelo!! Ellos me veían calvita y me miraban con cara de sorpresa. ¡¡¡Algunos me preguntaban con cara de susto!!! (¡Qué alegría ver todavía niños curiosos!).

¡ ESTÁS CALVA !

Si estaban acompañados por algún familiar, este siempre les regañaban por decir algún comentario de este tipo, pero para mí era una oportunidad maravillosa de explicarles lo que estaba sucediendo. Yo les decía: «no les regañéis, quieren conocer, nada más. Eso es bueno, tienen curiosidad. Les llama la atención ver a una persona que no tiene pelo. Se interesan y el interés les hace aprender lo que ocurre a su alrededor». Yo les explicaba que estaba tomando una medicina que hacía que se me cayera el pelo, y para amenizar la situación les decía: «¡Me encanta Caillou!» (el dibujo animado) «¿Y a ti?» Y así se reían a carcajadas, cambiando el «no» de los padres por el «¡¡¡Sí!!!» De «se va a curar con esa medicina que la hace dar el físico en la actualidad, el efecto secundario es estar calva». Lo que hacía al dar esa respuesta era neutralizar ese miedo. La mayoría de los adultos siente la muerte que se aproxima al ver a una persona que está con quimioterapia. Por eso los adultos tenemos que dar el ejemplo y hacer que las cosas no tan importantes queden respaldadas por lo que verdaderamente importa.

¡¡¡LA VIDA!!!

Yo no tenía ningún reparo en salir a la calle, sino todo lo contrario, me apetecía más y más hacer cosas, salir y pasear. Solo me maquillaba un poco para no verme tan pálida. Nada más el pintalabios y ¡¡¡¡¡¡A DISFRUTAR DE LA VIDA!!!!!!

Las personas que me conocían pensaban que estaba siendo partícipe y me solidarizaba con personas que tenían cáncer, pero cuando se iban enterando, me miraban y decían: «si es que sigues siendo tú».

¡¡¡AUTÉNTICA!!!

Pienso que no tenemos que escondernos, que no somos cucarachas, que no somos personas infectadas, ¡¡sino que somos personas, con ganas de **VIVIR**!! Con ganas de seguir disfrutando de la vida. ¡¡Tenemos que seguir viviendo!!

De lo que me daba cuenta era de que, al no esconder mi enfermedad, todo el mundo se ofrecía a echarme una mano con las tareas, con mis hijos y con otras cosas. Toda persona que te quiera de verdad va a estar a tu lado **¡¡¡SIEMPRE!!!** Y cuando digo siempre, es porque durante el proceso he conocido historias de parejas que no han sabido superar la situación. Si eres de las personas que se encuentran en este paso, quiero decirte que todos tus sentimientos y miedos los compartas con la persona que esté a tu lado día a día. Tu pareja será tu confidente, tus oídos, tu compañero/a de viaje, y, si en algún momento te sientes sola/o y no encuentras salida, verás que la estrella que está a tu lado brillará para guiarte.

Mi marido ha sido todo para mí. Llevamos muchos años juntos, desde el año 1998. Él es la persona que viaja junto a mi vida. Para él, esta noticia fue devastadora, y te repito, ¡nuestra clave es la comunicación! Si yo no me sentía bien, si estaba triste o tenía algún dolor, siempre se lo decía, porque sabía que me escuchaba y comprendía. Él me abrazaba, y con eso era suficiente.

Por eso a ti, querido lector, quiero darte seguridad, saca los sentimientos que quieras compartir, que salgan al exterior, porque, de esta manera, la persona o personas que están a tu lado sabrán lo que necesitas en cada momento.

Te contaré que a lo largo de estos años, desde que me lo diagnosticaron, he tenido dos noches muy intensas. Una de ellas recuerdo de haberme metido en la cama y no poder parar de llorar, pero eran lágrimas que nunca había experimentado, eran lágrimas de miedo. ¿Miedo a morirme? Miedo a no saber qué iba a pasar con todo lo que se me venía encima, porque cada vez que iba a una prueba, era una noticia diferente. Esa dichosa palabra, «cáncer», me producía una gran incertidumbre, que cuando la escuchaba era como caer al vacío, ese vacío que te lleva a lo más profundo del dolor, ese dolor que físicamente no se nota, ese dolor que sientes en tu ser, ese dolor que no te deja ver cuál es el camino a seguir, y te preguntas: «¿Sufriré? ¿Sentiré dolor?» Pero te contaré un secreto…

Muchas veces nos hemos preguntado ¿Por qué a mí? Y déjame decirte una cosa, hay dolores en la vida que jamás pensabas que iban a sucederte, golpes duros que te empujan al vacio más insólito, momentos oscuros para los que nunca estuviste preparada/o, el abandono de todo y de todos, y en medio de toda la tormenta, relámpagos y truenos, donde muchas veces te cuestionas si seguir **VIVIENDO**, sentir la soledad, tristeza, coraje, rabia y solo ¿Por qué? ¿Por qué la vida es tan injusta? ¿Por qué me hizo vivir la experiencia más difícil y dolorosa?

Sentía un dolor tan grande… Cerré mis ojos y sentí la muerte, allí estaba ella escuchando mis plegarias, sentía que todas estas preguntas tenía que hacérselas, decirle entre lágrimas en los ojos que: ¿Por qué a mí? Tuve miedo a que en ese preciso momento mi alma dejara de existir en este plano terrenal, y de repente un impulso de energía corría por todo mi sistema nervioso, conecté con mi **DIOS INTERNO**, empecé a darme cuenta que tenía que vibrar alto, tenía que ser **FELIZ** y encontrar el propósito de **MI VIDA**.

Supe que fué un cara a cara con la **MUERTE**, pero aprendí a **RECONOCER LA VIDA**, que quería seguir disfrutando de la **VIDA** ¡que **MARAVILLOSA** bienvenida a la **VIDA**!.

La incertidumbre es la clave para activar tu plan de acción, para tomar conciencia y sentir qué es lo que más quieres en esta vida. Ese tiene que ser el gran mensaje que envías a tus células, entonces ellas empezarán a trabajar y a actuar para ti.

Así que empieza por pararte a pensar, a escuchar a tu alma, a sentir lo que verdaderamente quieres hacer en tu vida, porque si te has dado cuenta del título, te pongo en conocimiento de cuantas veces en tu vida te habrás parado a pensar «¿y por qué? ¿Y por qué a mí?» Ese es el gran mensaje que hoy te quiero contar, el que es el destructor del miedo actual. ¿Por qué? Porque las cosas que te pasan en la vida son para que tomes conciencia y sigas el propósito de lo que verdaderamente amas. Así que la respuesta de por qué te pasa lo que te pasa, es un claro ejemplo de cuándo debes escuchar a tu alma, tomar conciencia y actuar para que tu vida tenga sentido. Es como la colleja de «o te espabilas o caes en picado al abismo». ¿Quieres esperar a que te sucedan las cosas?

¿Quieres atraer todos tus miedos y no saber cómo afrontarlos en cada momento? ¿Quieres que toda tu vibración no esté en armonía y el proceso sea difícil y muy doloroso? ¿Quieres que tu vida no tenga ningún sentido?

Si tus respuestas han sido «no», lee con atención y verás cómo las mismas frases cambian el sentido del rumbo. Y las transformaré para que lo que sientas sea que has llegado a tu propósito de vida, que es la...

CURACIÓN

La curación es el proceso de restauración de la salud de un organismo desequilibrado, enfermo o dañado. La curación puede ser física o psicológica, y no sin la recepción mutua de estas dos dimensiones. Esta sería la transformación.

¿Quieres seguir disfrutando de la vida? ¿Quieres alcanzar esos logros que tanto deseas? ¿Quieres atraer salud? ¿Quieres sentir cómo todo lo que te rodea, trabajo, familia y todo lo demás, está a tu favor?

Si la respuesta a todas estas preguntas ha sido «¡Sí!». Solo tienes que…

¡DISFRUTAR DE LA VIDA!

Tienes que ser consciente del instante, ser consciente de cómo te comportas con el mundo que te rodea, de cómo te relacionas con los demás y sentir en cada momento lo que estás haciendo en el momento presente. Olvida el pasado y no pienses en el futuro, ¡¡que no existe!! Céntrate en el ahora, en el momento presente.

Siente como si beber un vaso lleno de agua, te saciara la sed. No es lo mismo beber agua que sentir cómo cae el agua por tu garganta y sacia tu sed. Del mismo modo ocurre cuando conduces; llegar a tu destino y pensar muchas veces en cómo ha sido tu viaje, significa que no has sentido ni siquiera cómo metías las marchas. Así que empieza a sentir las cosas. Empieza por ser consciente de cada experiencia que se crea a tu alrededor y de cómo solo con sentir el instante, hace que estés en esa realidad presente y que consigas estar en el momento, como yo lo hago al escribir estas palabras. Siento cada vocal. Siento que ahora estamos unidos por palabras que solo tú y yo podemos entender.

Deja volar tus sentimientos y que salgan de la cueva en la que han estado sometidos por tanto tiempo. Empieza a ser feliz. Deja que tu alma hable y que la intuición se haga presente. Si te apetece hacer una cosa, ¡¡¡hazla!!! Tu alma es esa vocecita que a veces silenciamos por el qué dirán. Si hago esto, ¡¡¡¿qué pensarán de mí?!!! Deja de pensar en los demás, ¡piensa en ti! ¿Acaso los demás están en tu cuerpo y están viviendo tu experiencia? ¡¡Siéntete libre!! ¡¡Siente de verdad!!

Que la comunicación sea tu compartir, tu expresión más verdadera. Que si te preguntan cómo te sientes, cómo te encuentras, les digas la verdad, porque si armonizas lo que sientes con lo que expresas, tendrás el equilibrio perfecto para que empiecen a pasar ¡¡¡cosas **MÁGICAS**!! ¡¡¡Cosas increíbles que nunca creerías que podrían suceder!!!

¿QUIERES ATRAER TODO EL AMOR DEL UNIVERSO?

¿QUIERES QUE CADA SITUACIÓN SEA REALMENTE FÁCIL?

¿QUIERES SER FELIZ?

¡¡TÚ ERES LUZ!! ¡¡TÚ ERES EL MAESTRO!!

Si a todas has respondido «**SÍ**», este es el secreto que hará cambiar **TU VIDA**...

Las claves para llevar una vida **PLENA** son ser consciente de todo lo que te está pasando, sentirte y escucharte, y hacer lo que de verdad te haga sentir **FELIZ**. No hagas caso a los prejuicios, **SÉ TÚ MISMO, SÉ TÚ MISMA**.

Si hay un problema, párate por un momento a pensar y analiza qué es lo que sientes. Transforma en acciones positivas lo que sientes que no te gusta. Si sientes dolor en algún ámbito de tu vida, empieza por crear bienestar. Los problemas aparecen cuando menos te lo esperas, así que solo dale la importancia que requieran, ¡¡¡nada más!!! Si no te gusta tu trabajo, analiza qué es lo que realmente quieres, ¡¡ve a por tus sueños!! Si no te gusta tu pareja, no estés con esa persona gastando los días que tienes en este mundo terrenal, ¡¡toma acción!! Si no te gusta cualquier cosa de tu día, ¡¡¡¡cámbiala!!!! Atraerás toda la felicidad que está esperando por ti.

Transforma la palabra «miedo» en **AMOR** cuando sientas esta emoción. Busca inmediatamente la raíz que te causó ese sentimiento, y empieza por convertir esa vibración en lo que verdaderamente te hace ¡¡¡sentir feliz!!!

Yo sabía lo que quería. De hecho, no me centraba en absoluto en lo que no quería. Solo yo sabía que tenía que mantener mis energías a tope para todo lo que iba a acontecer.

¡¡Transformar cada situación era para mí un juego!!

Te contaré solo unos ejemplos que a mí sí me han funcionado…

Por ejemplo, cuando mi oncólogo me decía «se te caerá el pelo», mi cuerpo de inmediato me llevaba a una imagen, proveniente de mi cerebro, de cómo sería calva. ¿¿Qué hacía yo entonces?? Me conectaba con mi ser e imaginaba que era la persona más bella que jamás había existido, e imaginaba a las células del cabello crecer con más fuerza. ¿Y qué pasó? Que una vez acabado todo el proceso, lo que había estado proyectando se convertiría ¡¡en algo **EXTRAORDINARIO**!! Mi cabello no solo empezó a salir antes de lo esperado, sino que ahora empezaba a crecer aun con más fuerza y brillo que antes de que se me cayera.

Esos pensamientos producían una reacción en mi cuerpo, entonces las células empezaban a trabajar inmediatamente para que el cerebro enviara mensajes de activación, y esas conexiones de información actuaban sobre mí.

Trataba de ponerme delante de un espejo a diario e imaginaba mi melena larga y sedosa. ¡¡¡Ahora puedo decir que se ha hecho realidad!!! Sentía y me decía: «soy un ser **MARAVILLOSO**. ¡Estoy llena de vida! ¡Llena de luz! Esa orden me hacía sentir un escalofrío por el cuerpo. Notaba que la emoción de la tristeza no ocupaba lugar en mi alma. Todo esto me pasó en menos de diez segundos, ¿y por qué hacía yo este ejercicio?

Por esa belleza exterior que la sociedad nos hacen creer que es la ideal, que el físico lo es todo. Por los prejuicios de si no les gustas a los demás, no eres tú. Pues es así, te diré algo muy importante: **QUIÉRETE MÁS QUE NUNCA,** porque el verdadero **AMOR** empieza por uno mismo. No tendrás esa emoción de tristeza porque el alma verdadera brilla, con pelo, sin pelo, seas alto, seas bajo… **¡TAL Y COMO ERES!** Porque eres único, eres **ESPECIAL,** eres increíblemente ¡¡**EXTRAORDINARIO**!!

Cada ser humano se ha creado con su esencia. Cada ser humano se ha creado para crear.

Te animo, si es tu caso, a que empieces a enviar un mensaje diferente a tu alma, y verás un cambio palpable. Por ejemplo, cuando tu oncólogo te diga: «con la quimioterapia se te caerá el pelo», que pienses y que repitas: «es un proceso por el que tengo que pasar. Vale, pues será un proceso solo pasajero, solo son los efectos secundarios, y si anímica y físicamente me encuentro **BELLO/A,** mi esencia siempre estará ahí, porque mi alma ¡¡**BRILLA**!!».

Siente que la caída será temporal y que los efectos físicos secundarios son solo de tu cuerpo exterior. Tu cuerpo es un medio de trasporte, consiste en integrar a tu alma para que esta, a su vez, pueda transmitir emociones, comunicarse y hacer visible los sentidos que se nos han regalado con la vida.

No importa la sociedad, no importa lo que dirán, no importa que te miren por la calle, no importa lo que te digan, solo tú sabes lo que estás pasando, así que no debe importarte que el resto de los seres humanos te vea como un bicho raro, porque el **CAMBIO** lo hace uno mismo, y lo que verdaderamente **IMPORTA** es que te sientas bien con lo que haces, con lo que sientes y con lo que dices, pero, sobre todo, con lo que **AMAS**.

ARMONIZANDO CÍRCULOS

¿¿Por qué este nombre a este capítulo?? Intentaré explicarlo de la mejor manera posible.

Se dice que la mariquita es símbolo de la devoción espiritual. Ella muestra el camino que le permitirá a la persona encontrar su propósito en este mundo. Tiene la habilidad de ayudarnos a encontrar en nuestro interior todos aquellos elementos o aspectos que nos colman el corazón. Como aspecto significativo, tiene dibujados puntos negros, los cuales comparo con nuestros aspectos de la vida, de ahí «armonizando círculos».

En mi vida, y creo que en la de todos, hemos experimentado alguna vez, vivencias de oposición a la sociedad, incomprensión por parte de nuestro entorno. ¿Y por qué digo esto?

Porque cada experiencia tiene que ser vivida en presente, y cada uno tiene que ser consciente de lo que está pasando. Debemos escucharnos y sentirnos en ese preciso momento. Si algo no quieres hacerlo, no lo hagas. Si quieres ir algún lugar, ¡¡¡ve!!! Si quieres adquirir algo, ¡¡¡no lo dejes escapar!!! Todo esto lo digo porque muchas veces nos frenan «el qué pensarán», «el qué dirán», vamos, claramente los prejuicios, y a esto me refiero con «armonizando círculos». Te contaré un claro ejemplo de mi experiencia con el nacimiento de mi segunda hija, Ainara…

Todo iba perfecto hasta que, en el segundo trimestre de embarazo, al ir a consulta para realizarme la ecografía, me comenta la ginecóloga que el bebé estaba de nalgas, vamos, de culete, y que tendrían que realizarme una tercera ecografía en quince días para comprobar si seguía en la misma posición, a la que ellos llaman podálica.

—Pero ¿hay algún problema? —pregunté—. Que si el bebé no se da la vuelta, tendremos que practicarte una cesárea.

Me quedé sin palabras. Sin más explicaciones, me dio los informes. No me informó de nada más. De repente, cerré los ojos y me quedé en una nube pensando. Sentía en mi cabeza una presión que no me dejaba pensar. No podía hablar. La sensación que tenía era como si estuviese atada de pies y manos, no podía ni siquiera respirar. Haciéndole caso omiso, abrí los ojos y mirándola le pregunté:

—¿Puede volver a repetírmelo?

—Pues que si el bebé no se da la vuelta, tendremos que provocarle el parto.

—¿Y eso qué significa?

—Ya hablaremos en la siguiente consulta —me respondió sin más, de malas maneras.

Ella no tenía ninguna intención de explicarme el procedimiento. Me daba la sensación de que tenía prisa para la siguiente consulta.

Me quedé de nuevo alucinada. Me estaba echando de la consulta sigilosamente.

Entiendo que somos muchas personas y que vivimos sumergidos en lo que no me gusta mucho llamar: el tiempo, pero cada uno de nosotros tiene una visión distinta de nuestro entorno. Empatizar con cada uno de nosotros cambiaría el mundo. Ella no supo ni por asomo cómo me sentía. No se puso en mi situación ni por un momento.

Salí de la sala cabizbaja, pensativa. Vamos, que salí del centro sumergida en mi mente, no sé de qué manera llegué al *parking*, entré en mi coche (no recuerdo ese tránsito funcional de mi recorrido) y tuve como un *standby* mental.

Ya dentro del coche, cogí de nuevo los papeles y leí despacio todo lo que ponía en ellos. Terminé leer y empecé a llorar. En mi cabeza solo estaba la palabra «cesárea». No paraba de llorar, otra vez… **¡¡MI SER ME ESTABA GRITANDO!!** Solo tenía que escucharle y sentirle. Aún no entendía lo que gritaba, por eso mis lágrimas se hacían notar.

Empezaba un nuevo reto…

De nuevo en mi realidad, en mis tareas, en mi día a día, solo estaba en mi mente la palabra «cesárea». La verdad que la palabra «cesárea» era como si tuviera que ceder mi función a otro. Vamos, lo que significa «dejar en manos de», y eso no entraba en mis planes. Quería sentirme **VIVA** y que nadie dirigiese de qué manera tenía que vivir.

Cada día que pasaba era un sufrir. Me sentía sola, nadie entendía mi punto de vista. Era incomprendida, no sabían lo que me ocurría cuando decía que no quería cesárea.

Poco a poco, me iba separando de mi ser. Escuchaba por todos los sitios «No te preocupes, si te han dicho cesárea es porque tiene que ser mejor así», o «si te lo han dicho los médicos, ellos saben lo que hacen».

Con esto no digo que no hagamos caso de los especialistas, sino que tenemos que tomar conciencia e informarnos de lo que nos haga sentirnos **SEGUROS/AS**, tener ese empoderamiento personal y saber que lo que queremos está en armonía con lo que sentimos es la clave fundamental.

Siempre pongo el claro ejemplo de cuando te vas a comprar un frigorífico. ¿Qué haces? Pues te recorres todos los centros comerciales viendo características, viendo precios y otras cosas. Con base en esa información, eliges, ¿verdad?

¡¿PUES POR QUÉ NO LO HACES CONTIGO?!!

Eres un ser muy especial, ¡eres el mayor creador de tu realidad! Cree en ti y verás que la felicidad llega sola, sin complicaciones, ¡sin ningún problema!

Yo me informé de todo relacionado con partos de nalgas: qué complicaciones se podían dar, estadísticas de nacimientos… Durante el tiempo en el que estuve embaraza, me empapé de toda la información posible.

Algunas personas de mi familia no entendían por qué me preocupaba tanto la cesárea. En verdad no era que me preocupara la intervención en sí, sino que lo que no sentía dentro de mi alma era el hecho de no poder hacer lo que sentía, y para mí eso era dejar de escuchar a mi **SER**. No entendía que si el bebé estaba en óptimas condiciones y que si mi cuerpo no estaba preparado para dar a luz, no era el momento para que adelantaran ese proceso. **¡¡¡EL CUERPO ES SABIO!!!**

Todo a mi alrededor estaba opuesto a mi opinión. Mientras tanto, yo miraba en internet foros y páginas oficiales para informarme de los pros y los contras de intervenciones con cesárea, entre otras cosas. Lo que más me gustaba leer eran las **EXPERIENCIAS POSITIVAS** de personas que habían dado a luz de manera vaginal siendo un parto de nalgas. Este último punto era para mí el más importante, me llenaban tanto...

Te cuento esta experiencia porque marcó un antes y un después. En la segunda consulta me confirmaron que seguía en la misma posición podálica y que me daban fecha para la cesárea. Esta vez salí de la consulta sonriendo y me despedí al salir por la puerta. Había aprendido a gestionar la situación. Ya había vivido el dolor una vez, así que en esta oportunidad el empoderamiento estaba en mi ser, en mi alma, y sabía que todo iba a salir bien. Así lo sentía.

Miré la posibilidad de intentar dar la vuelta al bebé antes de nacer. Esa técnica se llama versión cefálica externa. Los especialistas hacen una maniobra en el vientre, la cual consiste en girar al bebé de manera exterior con sus manos. De esta forma, pueden intentar girar al bebé para que se coloque en posición cefálica. Finalmente, no lo hice, ya que sabía que si el bebé estaba así, era porque mi cuerpo estaba preparado para que naciera en esa posición. Aquí claramente supe de nuevo que el cuerpo es sabio.

Una de las cosas que sí había probado, era colocar unas pinzas en los dedos meñiques de los pies, ya que había visto una técnica llamada moxibustión (técnica de acupuntura que consiste en la cauterización por medio de la ignición de la moxa en los puntos en los que se insertan las agujas). De esta forma, intenté que mi bebé se diera la vuelta. Otra de las cosas que vi fue que podía colocarme en varias posiciones corporales, como andar a cuatro patas por la casa, hacer el pino, entre otras.

Por la noche probé de colocar un altavoz en mi vientre y a la vez una linterna en la zona del pubis, para que el instinto del bebé lo hiciera voltearse y finalmente ponerse boca abajo. Ahora te das cuenta lo loca que estaba. No sabía qué hacer para intentar que se diera la vuelta. Hasta que un día dije «¡¡¡basta ya!!!». Reconecté con mi cuerpo y pensé: «si mi bebé está en esa posición, será que querrá nacer así».

Volvía la misma pregunta: «¿Y POR QUÉ A MÍ?».

La respuesta era clara... tenía que pasar para que me diera cuenta del ¡¡¡EMPODERAMIENTO DE MI ALMA!!!

Imagínate cómo me encontraba emocionalmente si mi mente hacía cosas que mi corazón no sentía. Por eso muchas veces las personas caen en situaciones desbordantes y no son conscientes de sus actos, lo que hace que obtengan resultados negativos, como ansiedad y depresión, entre otras consecuencias.

Llegué a un punto en el que ya nada me afectaba. Los comentarios externos no me hacían daño. Me sumergí en una burbuja de silencio, silencio para mí, para meditar, para fluir con el todo.

Nada ni nadie podía decirme lo que tenía que hacer, porque **MI EMPODERAMIENTO** salió de todo mi ser. Ser que todos tenemos. Seguro que a lo largo del día tú hablas meditando con tu yo, ¡¡¡con tu alma!!!

Algo había cambiado en mi forma de pensar... había salido mi **YO SUPERIOR**.

Hice un escrito al hospital explicando mi historia. Resumiendo un poco, te diré que la parte más importante que dije fue que me dejaran intentarlo, mi bebé no corría peligro de peso ni tampoco de constantes vitales. Únicamente se practicaba la cesárea por la posición de mi bebé, así que hice un escrito revocando la cesárea. Pensarás «¡¡¿estás loca?!!!» Pero no, te diré que la primera persona que no quisiera que le pasara algo malo a mi bebé era yo, pero sentía en mí un poder superior. Sabía que hacía lo mejor para el bebé y que el parto natural iba a ser la mejor decisión, eso era **LO QUE YO SENTÍA.**

Al cabo de unos días, me contactaron para reunirme con el grupo médico e intentar coaccionarme. Sí, has oído bien, para hacerme cambiar de opinión. Así lo sentí. Por supuesto, no lo hice. De hecho, seguí confiando en mi forma de pensar y de sentir: que todo saldría bien, así que esperé el tan ansiado momento mágico.

Llegó el gran día. Estaba emocionada, ya sabía que llegaba, lo sabía porque empezaron las contracciones. Empezaba nuestro momento. Lo sabía puesto que ya era mi segundo bebé y los síntomas eran los mismos. Esperé en casa con mi marido. Me duché tranquilamente, preparé la bolsa y, cuando ya empezaron más seguidas y más notorias, nos dirigimos al hospital.

Allí me dejaron en la sala de contracciones, y la doctora que me iba a auscultar me dijo:

—¡¡Anda, ya tocó la cabecita!!

—¿Sí? —Le dije—. ¡¡Pero si viene de nalgas!!

Entre contracción y contracción, me eché a reír. La doctora se quedó con una cara de asombro, y me respondió:

—Pero ¿no te han explicado el protocolo?

—Sí —le dije—, ya entregué mi plan de parto, así que ustedes ya son conscientes de cómo quiero mi parto.

¡¡¡AHORA EMPEZABA A DISFRUTAR YO!!!

Finalmente… Di a luz a mi hija Ainara, mi bebé que eligió el día y la hora de su nacimiento. Fue de manera vaginal, con un parto de nalgas **¡¡¡INCREÍBLE!!! ¡¡ELLA ELIGIÓ SU MOMENTO!!** Fue un día lleno de emociones, fue un día mágico. El grupo médico pidió mi consentimiento para poder grabarlo, ya que habitualmente no se daban partos de nalgas. Después del nacimiento, y ya cuando estuvimos más tranquilos en la habitación, nos entregaron una copia del video. Cada vez que lo veo me emociono. Es alucinante ver cómo mi hija automáticamente gira, sin ayuda alguna por parte de los sanitarios. La ginecóloga solo aparece con el asa del cordón. De hecho, expulsé la placenta a la vez. ¡¡El resultado fue perfecto!! Mi matrona me dio las gracias por hacer posible que ellos fueran unos privilegiados en estar allí presentes. Aquí en España, el protocolo a seguir es siempre cesárea. De hecho, las matronas que allí estaban trabajando nunca habían asistido un parto de nalgas.

Y ahora te digo yo…

¿¿Qué crees que fue lo que pasó para que todo saliera bien??

La respuesta es clara: **TODO SALIÓ ASÍ PORQUE ASÍ LO SENTÍ.** Sentí una satisfacción plena de vida, una vivencia tan mágica, y sobre todo **TAN VÍVIDA,** que me siento orgullosa por haber hecho lo que hice en ese momento, y, sobre todo, lo más importante era lo que me hacía ¡¡feliz!! Mi intuición no me engañó, todo era real. El cuerpo es tan sabio que si conectamos y armonizamos cuerpo–mente, todo saldrá bien, te lo aseguro. Yo así lo he vivido, ¿por qué tú no lo harías?

¿Te acuerdas de la mariquita y de esos puntitos negros que tiene dibujados en su cuerpo? Pues son los círculos armonizados a los que he hecho referencia sobre lo que una persona siente y que lleve su propósito a cabo tal y como lo siente en el **CORAZÓN.**

He contado una parte de mi vida que hace ver que cada momento es crucial para nuestras decisiones, y que si verdaderamente queremos hacer algo acerca de lo cual los demás piensen diferente, no te detengas, sigue adelante con tus pensamientos y acciones, que si nos vamos cargando con sentimientos no decididos, nos estamos cargando con vidas incompletas, las cuales darán lugar a la desconexión de nosotros mismos y se exteriorizarán sintomatologías físicas en nuestro cuerpo–mente, lo que terminará convirtiéndose en una enfermedad.

¿AHORA LO ENTIENDES?

Te diré que ahora estamos aquí para disfrutar y aprender del momento, para aprender del ahora, para aprender de la vida.

QUIMIOTERAPIA

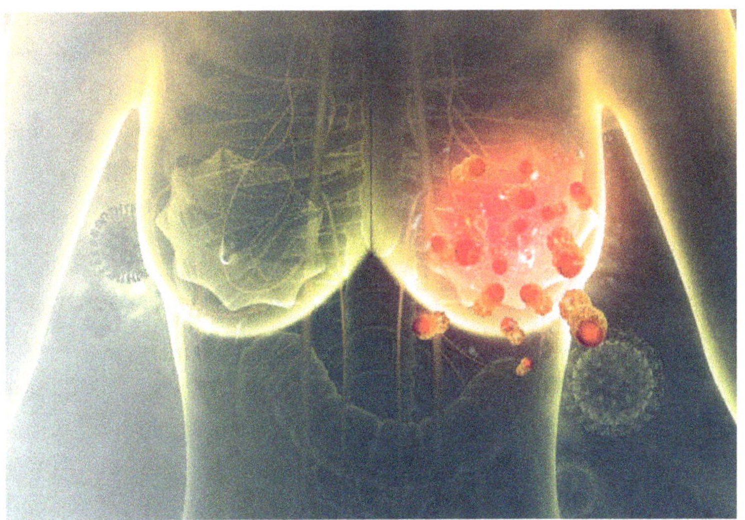

He tardado mucho tiempo en empezar a escribir este capítulo, y te preguntarás por qué. Soy una persona que está en el instante presente, vivo el momento. ¿Qué ocurre con el pasado? Muy sencillo: que para mí ya no existe, y tener que retroceder unos años atrás, como si viajando en la máquina del tiempo estuviera, sentir de nuevo lo que viví, ese mismo día. Ahora sí sabía las consecuencias por las que tuve que pasar, y ahora era más doloroso recordar y sentir otra vez el dolor, la incertidumbre, escuchar la palabra «quimioterapia» ¡fue algo que elegí no vivir! Ese ha sido el gran motivo por el que este capítulo ha estado en modo off durante mucho tiempo.

He de decirte que después de haber pasado todas las fases de tratamientos, en mi subconsciente había programado una creencia errónea, y pensaba que la quimioterapia era «algo malísimo».

De hecho, hay personas que en la actualidad desconocen totalmente en qué consiste la quimioterapia.

Cierra los ojos y ahora siente, te haré partícipe de **MI INSTANTE...**

Fue el 30 de diciembre, justo un día antes de Nochevieja. Me citaron muy temprano, tenía que estar en ayunas. Primero me harían los análisis de sangre. Los hacen muy pronto, porque luego los oncólogos ven los resultados en consulta. De esta manera, comprueban si pueden ponerte el tratamiento o no.

Esa noche dormí por partes. Me despertaba cada dos por tres. Veía en el despertador las 00:00 a. m. Bebía agua y me volvía a la cama. Pero como a las 2:00 a. m. estaba otra vez con el ojo abierto. ¡Madre mía, qué noche pasé! Y todo era por si me dormía, ja, ja, ja, ja, ja.

No podía desayunar. No sé si a ti te pasará, pero a mí basta que me digan que no puedo tomar nada, para que, casualmente, ese día tenga un hambre voraz. Así que, con el estómago a gritos, me vestí, y con una sonrisa nos dirigimos al hospital.

En mi canal de YouTube tengo subido un vídeo de ese día.

Llegamos al hospital y allí estaba Patricia (hermana de mi tío Ángel) que también estaba en tratamiento. Su cáncer era de ovario.

Me alegré mucho al verla. Hacía tiempo que no la veía, y darle un abrazo tan emotivo me hizo sentir como en casa.

El sitio la verdad no era el más adecuado. La vida está llena de sorpresas, pero allí estaba, parece que el universo eligió que ella fuera mi guía para ese día. Me explicó paso a paso cómo iba a transcurrir todo. Fue muy agradable encontrarme con ella. Como digo, jamás hubiera imaginado la situación en la que íbamos a estar las dos. Conocer de primera mano cómo sería mi primer día de tratamiento junto a ella, me hizo sentir más cómoda y segura. Estaba en una zona a la que no estaba acostumbrada, porque no es lo mismo que te lo cuente un médico a que te lo cuente alguien que lo está viviendo en primera persona.

Me explicó que teníamos que esperar en la sala hasta que dijeran nuestro nombre, luego dirigirnos a la primera planta, que es donde se hacían los análisis, una vez que nos hubieran sacado la sangre, teníamos que esperar dos horas hasta pasar a la consulta. Entonces podríamos irnos a desayunar (¡¡bendito desayuno!!). Después tendríamos que volver a la consulta para conocer los resultados, y finalmente, si todo estaba bien, ¡¡empezaba la aventura!!

Allí estaba yo, tan ansiosa por empezar todo.

Me acuerdo que me senté en el sillón y dije «¡¡¡vaya reina que estoy hecha!!! Vino la enfermera con una máquina sujeta a un caballete de suero y con bolsas amarillas enganchadas, colocó el tratamiento a la vía y para dentro. Al pasar el líquido por mis venas, sentí como un calor por todo mi cuerpo. Se lo dije y me respondió que era normal, que si tenía otra sensación que se lo comentara. Estuve más de seis horas, porque el tratamiento te lo programan para que vaya más lento, para así poder comprobar que no haya ningún problema: problemas de tensión, alergias, entre otros.

Ahora la medicación estaba en mi torrente sanguíneo, ahora empezaba el juego...

Quiero agradecer su dedicación a todo el grupo de enfermería, porque fueron ¡¡¡¡excelentes personas!!!!

También quiero decirte que, si tienes algún problema o te sientes incómodo/a con el trato que estás recibiendo por parte del personal sanitario, que no te calles, sino que expreses tus sentimientos, porque a veces no decir las cosas hace que la otra parte no sepa cómo actuar, así que te animo a que plantees tus dudas y sugerencias, o a que simplemente digas que necesitas tu espacio.

Me llevé un libro porque pensé que las horas se me pasarían lentamente, ¡¡pero no abrí ni una sola página!!

Estuve todo el tiempo hablando, y sobre todo con unas ganas locas de ir al baño, ¡¡madre mía!! No recuerdo haber ido tantas veces al baño para orinar en mi vida, ja, ja, ja, ja, ja.

Es un poco molesto el ruido de las máquinas, pi, pi, pi. Están sonando constantemente. Es verdad que a los enfermeros les indican cuándo tienen que cambiar la bolsa, pero podrían inventar algún dispositivo o aparato para que avise directamente al médico cuando toque cambiarlas, mediante un Beeper o algo similar. Es muy difícil que los pacientes puedan mantener la mente tranquila, así que meditar es imposible. Si quieres puedes llevarte unos auriculares y escuchar tu música preferida, lo agradecerás.

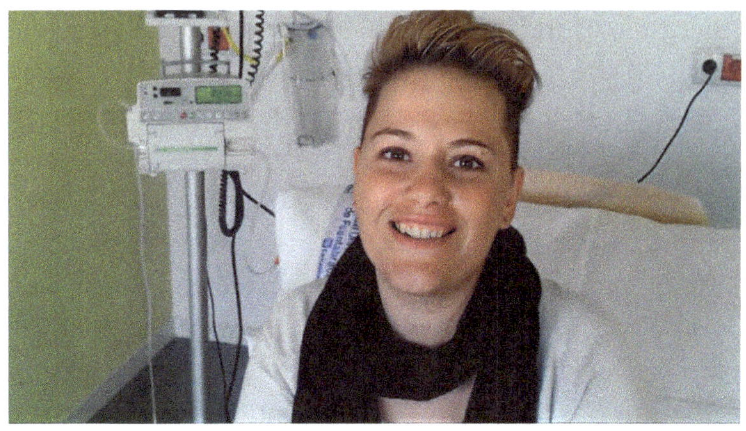

Si aún no has empezado con la quimioterapia, un consejo que te doy es que mientras estés en la sala, pienses que estás en el lugar en el que más te gustaría estar, por ejemplo, cuando no tenía compi, me llevaba los cascos, y me imaginaba y sentía que estaba en una isla caribeña con aguas cristalinas. Eso me transportaba al puro relax. Estaba en paz, en armonía, ¡se me pasaba el tiempo rapidísimo!

Cuando terminé el primer día de tratamiento, me dieron unas pastillas para minimizar los efectos secundarios, como por ejemplo, las náuseas, los vómitos, entre otros. Al salir de la sala, pensé: «¿¿¿Esto es la quimioterapia???

Lo que no sabía era que según fueran pasando las dosis de quimioterapia iba a tener más efectos en mi cuerpo. De lo del pelo, de que poco a poco se me iba a caer, ya estaba informada, pero hasta que no lo empiezas a vivir in situ, no comprendes la situación real.

Iban a ser seis meses de quimioterapia. Los tres primeros meses eran semanales, y los otros tres meses siguientes iban a ser cada veintiún días. Así que yo tan contenta salí de mi primer día de tratamiento. Eso sí, hice otra paradita más al baño. ¡Madre mía! Lo que pude mear en esa mañana…

Me di cuenta de una cosa que no podía pasar desapercibida: cuando me dirigía al baño, tenía que atravesar el pasillo, y veía las caras de las personas que allí estaban con tratamiento, quienes estaban muy desoladas, tristes y cabizbajas. Para mi sentir, era la soledad omnipresente. ¡¡¡Era incomprensible!!! ¡¡¡Me daba mucha rabia!!! Mi mente no podía entender cómo un ser humano que se encontraba en un proceso de su vida tan vulnerable se encontrara perdido, así que tuve una canalización, una idea, un cambio de paradigma, y pensé «¡Algo hay que hacer!». Desde ese momento supe que tenía que hacer algo para la humanidad. Tenía que hacer algo, ¿por qué? Porque mi experiencia iba a ser un ejemplo de experiencia vivida.

¡MI EXPERIENCIA ME HARÍA CAMBIAR EL MIEDO POR AMOR!

Jamás me bajaron las defensas. El cáncer y su tratamiento, especialmente la quimioterapia, pueden debilitar las defensas y el sistema inmune. Esto hace que aumente el riesgo de sufrir una infección, pero también de que el cáncer pueda extenderse sin contar con la protección del propio organismo para combatirlo.

Tuve mis ciclos seguidos. Creo firmemente en que el cuerpo actúa sobre nuestro estado de ánimo, por eso insisto en que seas constante y trates a tu cuerpo como se merece, tanto en alimentos como en energía. Los alimentos que ingerimos son muy importantes para nuestro organismo, por eso es que si tratas con amor y coherencia a tu cuerpo, este te lo **AGRADECERÁ** y te dará los mejores resultados para una vida saludable. Sé que lo habrás escuchado infinidad de veces, dieta sana y demás, pero si te pararas a pensar por un momento en todos los alimentos que comes, seguramente podrías restringir muchos de ellos, y sabes que si tienes la enfermedad, debes ser consciente de que a tu cuerpo no le estas **AYUDANDO** a sanar.

Porque si tienes un coche, ¡a que le cambias filtro, aceite y también los repuestos para que siga funcionando sin ninguna avería! ¿Y por qué con tu coche sí y con tu cuerpo no? ¡¡¡¡Así que ponte en acción!!!! Si es tu caso, rompe con tus malos hábitos y tómate en serio a los alimentos, ya que son un factor primordial para tus defensas.

Ingerimos alimentos todos los días. La comida es un acto energético, y durante la enfermedad hay que tener claro la importancia de lo que estos nos aportan. Si bien es cierto que en el día de hoy la mayor parte de los seres humanos consumimos alimentos tóxicos, por ende, tenemos que tener claro qué alimentos son favorables para nuestro organismo y cuáles son dañinos.

¿Qué pasa cuando tienes cáncer? Te explican qué alimentos son más saludables y qué comer durante el proceso. Pues es ahora cuando, poco a poco, los profesionales están más involucrados y estudios recientes nos dicen que las vitaminas y los nutrientes esenciales son fundamentales para que el paciente oncológico tenga una pronta recuperación.

Muchos médicos ya se están volcando a los beneficios que tienen los alimentos alcalinos.

El Dr. Otto Warburg, ganador del Premio Nobel, en su obra "El metabolismo de los tumores" demostró que todas las formas de cáncer se caracterizan por dos condiciones básicas: la acidosis y la hipoxia (falta de oxígeno). También descubrió que las células cancerosas son anaerobias (no respiran oxígeno) y no pueden sobrevivir en presencia de altos niveles de oxígeno. En cambio, sobreviven gracias a la glucosa siempre y cuando el entorno esté libre de oxígeno.

Por lo tanto, el cáncer no sería nada más que un mecanismo de defensa que tienen ciertas células del organismo para continuar con vida en un entorno ácido y carente de oxígeno. Las células sanas viven en un entorno alcalino y oxigenado, lo cual permite su normal funcionamiento. Una vez finalizado el proceso de la digestión, los alimentos generarán una condición de acidez o alcalinidad en el organismo en función de la calidad de las proteínas, los hidratos de carbono, las grasas, los minerales y las vitaminas.

El resultado acidificante o alcalinizante se mide a través de una escala llamada pH, cuyos valores se encuentran en un rango de 0 a 14, siendo el pH 7 un pH neutro. Es importante saber cómo afectan a la salud los alimentos ácidos y alcalinos, ya que para que las células funcionen de forma correcta y adecuada, su pH debe ser ligeramente alcalino. En una persona sana, el pH de la sangre se encuentra entre 7,40 y 7,45.

Los alimentos altamente alcalinizantes son:
- Verduras: alfalfa, hierba de cebada, remolacha, hojas de remolacha, brócoli, zanahoria, repollo o col, coliflor, apio, acelga, pepino, dientes de león, berenjena, vegetales fermentados, ajo, guisantes, cebolla, pimientos, calabaza, nabo, rábano, espinaca, espirulina, semillas germinadas, batatas, tomates, berro y trigo.
- Frutas: manzana, albaricoque, aguacate, banana o plátano, bayas, moras, melón, cerezas, coco, pasas, dátiles, higos, uvas, pomelo, melón, limón, lima, nectarina, naranja, melocotón, pera, piña, frambuesas, fresas, mandarina, tomate, frutas tropicales y sandía.
- Otros: almendras, castañas, mijo, tofu, suero de leche, canela, curry, jengibre, mostaza, chile, sal marina, vinagre de manzana, polen de abeja, lecitina, melaza, probióticos, jugo verduras, jugo de frutas, agua mineral.

Tener una alimentación adecuada hará que el proceso de los tratamientos sea más efectivo y no tan tóxico para el organismo del paciente oncológico.

> "Que el alimento sea tu medicina, que tu medicina sea el alimento". — Hipócrates.

TE CONTARÉ UN SECRETO...

Cuando estaba embarazada, comía lo que me apetecía y jamás me restringí de comer algo. Con el cáncer lo mismo, me apetecía chocolate, me lo comía; me apetecía una sopa de macarrones, ja, ja, ja, ja, me la comía, y así hacía con lo que me apetecía.

Escucha a tu cuerpo, que es sabio y te pedirá lo que necesites para cada momento. Eso sí, siempre con equilibrio.

Lo que hacía cuando tenía un ciclo, era que me comía una macedonia de frutas ¡¡¡increíble!!! Me cargaba mi cuerpo de energía frutal. De esta manera, a mi creencia le enviaba una información súper positiva que me hacía sentir ¡¡¡¡a tope!!!! Esto hacía que tuviera una pronta recuperación y minimizaba los efectos secundarios de los tratamientos de quimioterapia.

Pasados unos ciclos, me enteré de que por las tardes en mi hospital hacían *reiki* mientras nos daban el tratamiento, y dije «¿*reiki*? ¡¡¿Qué es eso?!! ¿Por qué no probar?» No había oído nunca la palabra *reiki*, así que tenía mucha curiosidad por experimentarlo en mi propio cuerpo.

Cuando me enteré, no dudé en asistir a una sesión. Por la mañana iba a hacerme los análisis, la diferencia era que me dejaban la vía en el *Port-a-cath*, para que luego, a la tarde, cuando regresaba de nuevo, solo era colocar la bolsa de medicación y listo. Empezaba la quimio pero esta vez ¡¡con un plus!! *Reiki* a la carta, ja, ja, ja, ja. Para mí era disfrutar plenamente de ese momento tan mágico…

REIKI

¿QUÉ ES EL *REIKI*?

Reiki significa energía vital universal. Es una forma de terapia que pertenece al renglón de las llamadas terapias complementarias, naturales, energéticas, en las cuales el principal objetivo es la sanación física, emocional, mental y espiritual, consiste en el restablecimiento de la armonía del ser con su yo superior y en el equilibrio espiritual. Esto se logra por medio de la imposición de manos.

El *reiki* restablece el equilibrio y la armonía en uno mismo, interna y externamente, lo cual impacta muy positivamente en el entorno y en la salud de cada persona.

El *reiki* es una forma de medicina alternativa desarrollada en 1922 por el budista japonés Mikao Usui. Desde su origen en Japón, ha sido adaptada en varias tradiciones culturales a nivel mundial. Sus practicantes creen que a través de esta técnica llamada imposición de manos o toque terapéutico, se transfiere desde las palmas energía universal *(reiki)* hacia el paciente con el fin de promover la curación emocional o física.

Yo sentía una paz tan intensa que al terminar el ciclo llegaba a casa y tenía unas ganas locas de comer. Mi cuerpo estaba en vibración. La diferencia cuando no recibía *reiki* era notable, ya que las sesiones cada veintiún días eran más fuertes porque contenían un tratamiento más invasivo, y el *reiki* me hacía encontrarme muchísimo mejor. No necesitaba ninguna pastilla analgésica para bajar los efectos de la quimio, y la sensación era la de estar más descansada y bien anímicamente.

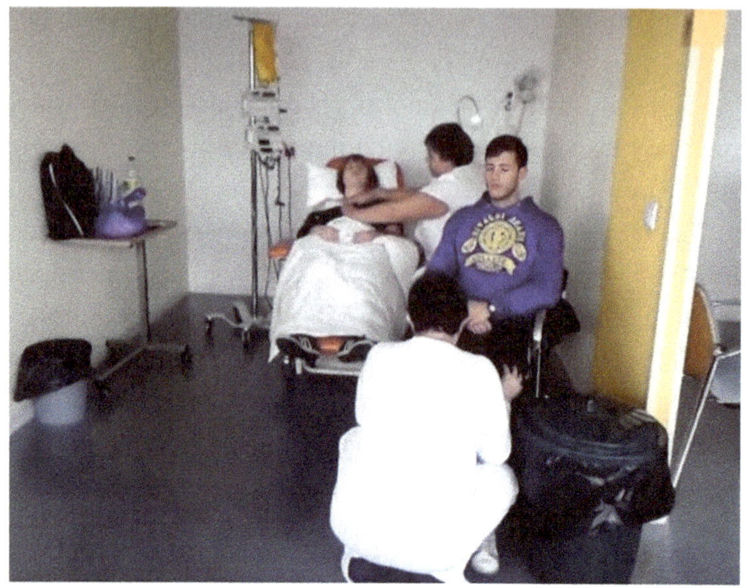

Ese mismo día en el coche, mientras nos dirigíamos a casa, le dije a mi madre: «Mamá, he pensado en hacer una cosa. No sé si servirá o no, pero quiero ayudar a las personas que estén viviendo lo mismo que yo a que afronten sus miedos y vivan intensamente, a que ¡disfruten de la vida! Subiré vídeos a las redes sociales y contaré mi día a día con la enfermedad». Mi madre me miró y dijo: «¡¡¡Adelante!!!».

Nos pusimos manos a la obra y... ¡¡¡ACCIÓN!!!

¡Qué risa, porque además fue llegar a casa y dicho y hecho! Lo subí a internet y ha sido el vídeo más visto de todos lo que he ido subiendo a mi canal de Youtube:

Bárbara cáncer de mama *síntomas

Estás invitado/a a pasar por mi canal y contar tu historia para que todas las almas que estén pasando por un cáncer sepan que no están solos/as, y de esta manera nos conectemos con nuestras vivencias para así ayudar a más personas en todo el mundo.

Juntos cambiaremos la mirada…

INTERVENCIONES QUIRÚRGICAS

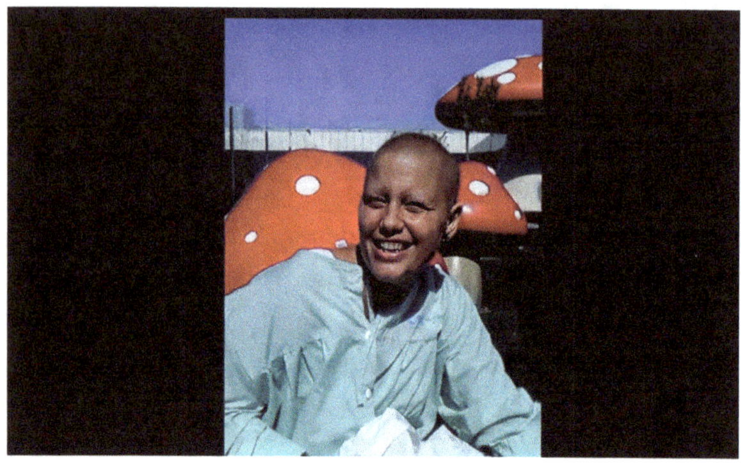

Ahora empezaba una compleja línea de vida. ¿Y por qué digo esto? Porque jamás me había operado de nada, y en tan poco transcurso de tiempo ya tenía tres operaciones en vista, la última de las cuales sería la reconstrucción. Había cerrado el círculo de quimio, un tratamiento interior, y ahora atravesaría por el tratamiento exterior.

Te explicaré que mi experiencia no quiere decir que sea la elegida para ti, ya que cada persona se identifica con una seguridad individual. Yo elegí el tipo de intervención que me hizo sentir más segura y satisfecha, por supuesto, siempre con una valoración médica antes.

Puede que esa elección no sea la más acertada para ti, ya que influyen muchos factores, como dije antes, infórmate de todo lo que quieras hacer y, por supuesto, siempre respáldalo por un grupo médico. Ellos te ayudarán a elegir la manera más segura y más específica para tu caso.

Como no me había operado de nada, empecé a preguntarles a mis amigos, conocidos y familiares, qué sentían cuando les ponían la anestesia. ¡¡Qué cosas pasaban por mi cabeza!! Quería saber esa sensación para ir un poco preparada: qué habían visto, qué momento recordaban antes de la sedación, entre otras preguntas. Siempre he sido muy curiosa y me gusta conocer las experiencias de otras personas.

Eso sí, debo decirte que siempre me quedaba con las experiencias positivas. En el momento en que alguna persona me decía algo negativo, ya mi vista se nublaba y parecía como si el volumen de mis oídos empezara a bajar. Tenía puesto en mi cerebro un botón automático que cuando escuchaba alguna vivencia traumática, directamente mi cerebro silenciaba ese momento.

En la actualidad lo sigo haciendo; no dejo que las cosas negativas me afecten, e intento evadir ese momento. Además, creo que tenemos que rodearnos de personas que nos llenen, que nos aporten, que compartan, que transmitan, eso es lo que llamo **ENERGÍA POSITIVA**.

Empecemos…

Mi primera intervención fue la extirpación del pecho derecho y de la cadena ganglionar, ya que tenía metástasis en los ganglios de la axila derecha.

Empezaré diciendo que mi centro hospitalario no tenía la especialidad de cirugía plástica, lo que suponía una mastectomía radical, pero sin expansores de inmediato. Vamos que me quedaba plana, sin pecho. Habrá personas a las que no les importe, pero a mí en especial no me gustaba la idea, y busqué alternativas, si es que las había. En mi camino se han cruzado muchas estrellas, cuya presencia agradezco enormemente, porque me han ayudado y guiado hacia lo que me hacía sentir segura.

"UNA DE ELLAS FUISTE TÚ, ALICIA, QUE SUPISTE DESDE UN PRINCIPIO MI ELECCIÓN, Y GRACIAS A TI SUPE SENTIR LO QUE ME HACÍA FELIZ EN ESE MOMENTO."

Ella hizo posible que tuviera una alternativa. Me explicó que en otros centros hospitalarios donde ella trabajaba, hacían una cirugía de extirpación de mama radical, pero que inmediatamente, en la misma sala de operaciones, hacían la reconstrucción con expansores. Para que se entienda, me quitaban la mama, pero me dejaban dentro un expansor. El expansor es como si fuera un globo desinflado que se introduce en la zona del pecho extirpado, cuya función es estirar la piel para que después, haya espacio interno suficiente y se haga la colocación de la prótesis mamaria. Una vez que te colocan el expansor tienes que ir al especialista y te llenan el expansor con suero. Tienes que ir cada cierto tiempo para que te vayan llenando más cantidad, hasta finalmente conseguir un volumen apropiado.

De esta manera, nunca me vi plana. No quería pasar por esa sensación. Si tenía la posibilidad de no hacerlo, ¿por qué pasar por ello?

También quiero agradecer a Dr. Sánchez por su amabilidad y empatía. Él me explicó paso a paso el procedimiento y todos los inconvenientes que podían ocurrir, que para mí no lo eran. Uno de ellos era que el expansor podía contracturarse por la radioterapia. Vamos, lo que viene a ser ponerse el expansor duro.

Sopesé todas las ventajas e inconvenientes, y finalmente decidí operarme así, con extirpación y expansor en la misma operación. Vamos, que me iban a quitar el pecho e inmediatamente me colocarían el expansor.

Te contaré que cuando llegó el día de la operación, estaba entusiasmada, porque sabía que el tumor, si es que quedaba algo, ya iba a desaparecer por completo. ¡¡Me lo iban a quitar!! Para mí era positivo pensar que esa bolita ya no iba a estar en mi cuerpo. Esa sensación me hacía sentir alivio, me hacía sentir sana.

Te contaré el ritual que hice antes de que pasaran las enfermeras a por mí para bajarme a quirófano.

Mi tata, mi madre, mi padre y mi marido estaban conmigo en la habitación. Se me ocurrió una idea y dije: «¡¡¡Venga, a bailar!!!» No hizo falta decir nada más, pusieron música y, como nos encanta mover el esqueleto, nos pusimos a soltar adrenalina, risas y a abrazarnos de energía.

Te puedo asegurar de que pasas de un estado enérgico a un estado de relajación inminente. Así que si alguna vez te ves en esta misma situación, te animo a que muevas esas caderas y disfrutes del momento, pronto lo recordarás como un momento único e irrepetible.

Yo, tumbada en la camilla, me dirigía hacia la sala de quirófano y veía las luces del pasillo pasar, como si de una película se tratase, pero esta vez era real. Veía alrededor de mi camilla a varios médicos. Ya se palpaba ese frío del hospital. Me hicieron bajarme y pasar a una habitación para marcar líneas en mi torso, apareció la Dra. Shirin Zarbakhsh Etemadi, docente en Cirugía Plástica y reparadora de quemados en el Hospital Universitario La Paz (desde 2001 a la actualidad). Ella iba a ser mi artista y yo su lienzo. Cogió su rotulador negro y empezó a trazar líneas por mi cuerpo, siempre con una sonrisa, eso me tranquilizaba porque sentía que era una profesional.

Me preguntó cómo me encontraba, y con una sonrisa me dijo:

«TODO VA A SALIR BIEN»

Al finalizar el marcaje, me dijo: «te puedes vestir», así que me puse de nuevo la bata blanca y a la camilla. Esta vez ya era para dirigirme a la sala de quirófano.

Entré tumbada de nuevo en la camilla, y entre varios médicos me cambiaron a la camilla de operaciones. No recuerdo las caras de los auxiliares, pero sí recuerdo sus increíbles estados de humor. Con música de fondo, la situación era maravillosa. Eso sí, un frío que pelaba. Les pedí por favor una mantita, ji, ji, ji, y me dijeron:

«SIN PROBLEMA».

Me colocaron la máscara y me dijeron:

«¿EN QUÉ SITIO TE GUSTARÍA ESTAR AHORA MISMO?»

Les dije:

«EN UNA PLAYA DESIERTA, ¡¡ALLÍ SÍ QUE HACE CALOR!!»

Se empezaron a reír y uno de ellos respondió: «*A SUS ÓRDENES*».

Empecé a sentir calor por todo el cuerpo y a tener la sensación como si tuviera muchísimo sueño y no quisiera despertar. Estaba tan a gustito...

Y de repente, me desperté en la sala de anestesia. Todo había pasado en un segundo. Fue increíble pasar de un sitio a otro en segundos, como si el tiempo no hubiera existido entre medias. Fue alucinante.

En la sala de anestesia me dejaron un día entero para ver qué tal expulsaba la anestesia. Lo que no me dijeron es que me habían puesto bolos de morfina, y empecé a vomitar. Me sentí fatal, así que aprendí que en las siguientes intervenciones, tendría que solicitar que por favor no me pusieran ese analgésico. Prefería tener algo más de dolor, pero no pasar por ese mal trago de malestar.

Los días después a la operación estaba molesta, sobre todo del brazo, que no tenía mucha movilidad. Era normal, puesto que en la operación tocan nervios y rompen tejidos, también me colocaron unos drenajes, los cuales, al quitarlos, molesta un poco. Los drenajes, para que lo entiendas, son como unas cantimploras de plástico que van introducidas mediante un tubo de caucho delgado por dentro de la piel. Su función es succionar toda la sangre para que esta no se acumule en la herida, esto evita infecciones internas.

Mi segunda intervención consistía en retirar el expansor para colocar la prótesis, pero esa operación no tuvo lugar, ya que di positivo en una mutación genética BRCA1, de la que hablaré más adelante.

Así que la segunda intervención cambió el rumbo, fue la extirpación del otro pecho (ahora el izquierdo), de los ovarios y de las trompas de Falopio. Te preguntarás «¿Y por qué?» Porque tengo una mutación en el gen BRCA1, ¡y quiero seguir ¡DISFRUTANDO DE LA VIDA!

Ya no tenía tanta incertidumbre, porque sabía lo que se sentía con la anestesia, y es muy curioso, porque cuando te despiertas, al menos por lo que yo sentí, realmente tienes la sensación de haber estado durmiendo ese tiempo. O sea, que si son seis horas de operación, es como si hubieras dormido seis horas, pero es extraño, porque en tiempo es todo lo contrario, este último parece ser solo segundos.

El grupo medico fue excelente en todo momento, les dije si podían poner música «como de costumbre», mientras me operaban, y la doctora exclamó: ¡¡Por supuesto!!» Me encantaba escuchar una melodía mientras me inyectaban la anestesia, imaginarme como si estuviese en la orilla del mar, sintiendo el viento, oyendo las olas y tocando la arena. Con música de fondo era ¡¡¡INCREÍBLE!!!

Este es otro tips, que seguro te ayudará a ti también, siempre a la hora de cualquier prueba, yo me sentía mucho más tranquila y relajada. Más adelante te explicaré lo que hacía antes de cada prueba.

Yo me sentía como en casa, ¡hasta me pusieron un calefactor en los pies para no tener frío!, si te han operado alguna vez sabrás que en los quirófanos hace mucho, pero que mucho frío...

Estuve ingresada unos siete días. Esta vez me pusieron dos drenajes, uno en cada axila, tenía unas décimas de fiebre y drenaban más de la cuenta, así que los tuve puestos seis días.

Luego, pasados unos días, tuve que ir a la consulta de curas para que me vieran los puntos. Los que me pusieron a mí eran reabsorbibles, o sea que no tenían que quitármelos, solo observármelos.

Al quitarme los ovarios y las trompas, no volvería a tener la regla. Sí, sí, has leído bien, me iban a realizar una menopausia quirúrgica. Tuve una despedida con mi menstruación, ya que en breve mi cuerpo volvería a tener cambios significativos. Tendría una menopausia provocada por la extirpación de los ovarios y trompas. Los síntomas siguientes serían sangrados y días en los que estaría hospitalizada. El sangrado fue el típico de la menstruación, así que con lágrimas en los ojos me despedí de mi maravillosa sangre, sabía que era la última vez que la vería y, cómo no, se merecía una despedida consciente. Yo lo sentí en mi cuerpo, di paso a otra nueva etapa.

Fue un momento muy emotivo porque fui consciente de la despedida. Finalmente, armonicé el círculo, ¿te acuerdas? Pararte y sentir lo que vives. Así que le dije adiós con lágrimas en los ojos. La echo muchísimo de menos, porque cuando la pierdes, te das cuenta de la importancia que tiene en el cuerpo de la mujer.

En esta misma intervención me hicieron una liposucción de muslos, para inyectar luego esa grasa en la mama que tenía el tumor, porque al ser más pequeña tienen que igualarla a la otra. Durante unos meses tuve que llevar una malla anticelulítica especial, para que la grasa que habían sacado, no se acumulase de nuevo en esa zona.

Vamos, ¡¡que me hicieron el 2x1!! Ja, ja, ja, ja, ja.

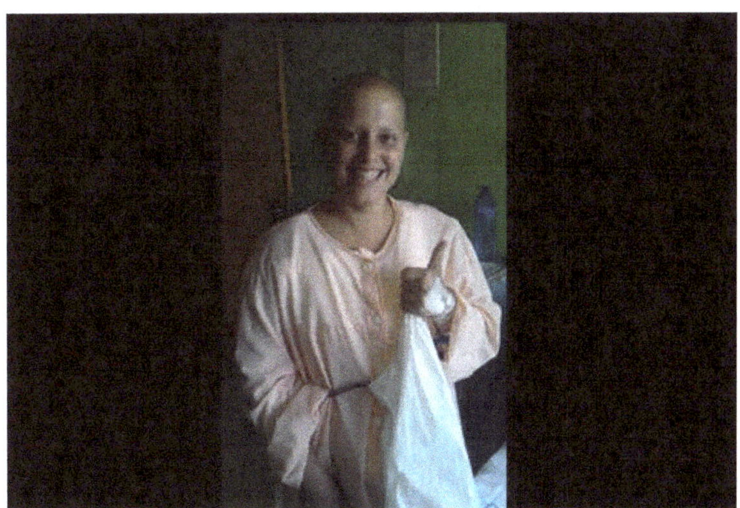

En esta operación tuve tres drenajes, y cuando me los quitaron me acordé de la primera operación. Otro truco del que te voy a contar consiste en soltar el aire muy fuerte a la vez que retiran los drenajes. De esta forma, no se siente tanto dolor, sino solo molestia.

Esta recuperación fue un poco más lenta. Tenía más molestias, pero me gustaba estar activa, salir a pasear, ir a comprar, ver los partidos de fútbol de mi hijo y otras cosas. Algo muy importante es ¡¡¡no coger peso!!! A los niños tampoco podía cogerlos. Ellos me mimaban constantemente. Vivieron el proceso muy de cerca, pero ¡qué mejor que su madre explicándoles de una manera mágica todo el proceso! ¡Ellos lo entendían **TODO**!

Luego, mi tercera intervención fue retirar los dos expansores y colocar finalmente las prótesis.

Todo salió muy bien. Como sabía a lo que me iba a someter, estaba muy tranquila, y a la vez entusiasmada. Ponerme las tetitas, como decía mi hijo mayor, era un reto que ya lo tenía superado. Estaba en la recta final.

Lo más increíble y mágico de esta operación fue volver a sentir peso en mi pecho. Eso fue una sensación **MARAVILLOSA E INEXPLICABLE**. Tener aproximadamente un kilo más sobre mi cuerpo era una pasada. Volver a ver mis dos pechos fue **¡¡¡EXTRAORDINARIO!!!**

Actualmente, sigo sin tener las areolas, y no por ello me siento mal, sino que me siento viva y eso es lo importante.

LA CLAVE

Esta guía te ayuda a ver lo mejor de las experiencias. ¿Te acuerdas que anteriormente te comenté trucos para sobrellevar una situación difícil, pruebas y otras cosas?

Bueno empezaré diciéndote que lo **MÁGICO DE LA VIDA** es que te encuentras en ella, en el presente, aquí, en el **AHORA**. Cuando estamos tristes, siempre pensamos en el pasado, y nos frustramos al ver que el futuro no es como lo habíamos idealizado en nuestra mente. Por ello te pido que te pongas ahora frente a un espejo y que observes tu cara, tu expresión y tu mirada.

¿TE VES TRISTE? ¿TIENES MIEDO? ¿TE SIENTES SOLA/O?

Si todas tus respuestas han sido sí, sigue leyendo, y sigue las claves que te cito a continuación.

Solo tú puedes cambiar tus emociones, pensar en positivo e intentar buscar soluciones que te hagan ir en una dirección correcta. Siempre la intuición te guiará por el buen camino, así que ¡¡¡ponte manos a la obra!!!

Te diré lo que me ha funcionado a la hora de las pruebas. Por ejemplo, la primera vez que me hicieron la punción/biopsia y vi, que la doctora sacaba una aguja súper grande, lo que inmediatamente hice fue cerrar los ojos y sentir e imaginar como si mis hijos estuvieran mamando. Y dirás ¿¿mamando?? Pues sí, mamando. Sentía la misma sensación que cuando lo estaban haciendo. Sentía calambritos, así que, como para mí era una sensación placentera, al cerrar los ojos me transporté a mi habitación y sentí y creé esa vivencia. Empecé por visualizar sus caras y cómo sus manos me agarraban los pechos. Sentía también cómo salía la leche materna hacia sus labios. Sentía como entre ellos se daban las manos mientras hacía lactancia en tándem (dos hijos mamando a la vez, uno en cada pecho). Y, de esta forma, el tiempo de la prueba pasó volando. Fue como un suspiro en el tiempo.

Te he contado mi experiencia, pero podrás hacerlo con alguna situación vivencial que a ti te aporte bienestar y que sea igual de positiva para ti.

De esta manera, lograrás transportarte durante unos minutos a esa vivencia, y así la prueba será pasajera.

Cuando me hacían las pruebas, tac, *scanners*, entre otras, siempre cerraba los ojos y empezaba con mis ejercicios vivenciales. Sentía mi cuerpo en la orilla del mar, escuchando las olas, tocando la arena, y de fondo una canción melódica. ¡Y qué decirte cuando era la resonancia!

(Tucutucutucucutucucututucu), ¡¡¡¡madre mía!!!! Me tele-transportaba a una sala de fiestas y sentía como si estuviera en la disco, pero cansadísima de tanto bailar, porque, claro, si siento como si estuviese bailando, puede llegar a ser un problema, ya que no te puedes mover, ja, ja, ja, ja, ja. Así que me imaginaba y me sentía ya muy cansada ¡¡de tanto bailar!! Pensaba que al estar tan cansada, tenía que tumbarme.

La mente es muy poderosa, así que cuando empieces a realizar estos truquillos, verás cómo la experiencia será vivencial y sentida.

Siempre veo el lado bueno de las cosas. Crear una vivencia en tus pensamientos te hará sentirte mejor durante una situación incómoda o desagradable.

Te contaré otro secreto, y es que me gusta mucho meditar, es como la necesidad de respirar. Para mí meditar es estar en un estado de bienestar y de relax.

La meditación es una antigua práctica de bienestar que se centra en entrenar la conciencia, la atención y la compasión.

En los últimos años, la investigación ha descubierto que la meditación puede reducir el estrés y la ansiedad, mejorar el enfoque y la concentración, así como aumentar la sensación de calma y relajación.

Suelo hacerlo por las noches, antes de irme a dormir. Cierro mis ojos y siento lo que en ese momento me apetece, **NO LO QUE NO QUIERO**. Es muy importante cómo me quiero sentir. Siento cada parte de mi cuerpo, cada dedo, cada hueso, cada órgano… así hasta recorrer el cuerpo entero. Para mí meditar no es seguir unas pautas, sino relajar cuerpo-mente. Si quieres y te apetece, puedes iniciar con meditaciones guiadas. En internet hay muchas, solo elige la que te haga sentir bien.

Desde que empecé a meditar me siento más tranquila. No existe la ley del tiempo, sino que todo fluye y todo pasa en el momento oportuno, nada es por casualidad. Si mi experiencia te ayuda a sentirte mejor y a saber que el **CÁNCER** puede ser una experiencia más en tu vida, puedes buscar información y hacerte responsable de tus actos, y te pondré un ejemplo que a diario hacemos los seres humanos, pero que para cosas tan importantes, como lo es la salud, no hacemos el mismo hincapié ni tampoco buscamos soluciones que nos hagan sentir bien. Este ejemplo tan cotidiano es que cuando nos vamos a comprar una tele o una cámara de fotos, por ejemplo. Siempre comparamos precios y nos informamos sobre las características que tiene una u otra, en qué tienda la podemos adquirir a mejor precio, entre otras cosas.

Y ahora te pregunto: ¿Por qué no haces lo mismo, o más, cuando te dicen que tienes cáncer? A eso me refiero a que seas **TÚ** el responsable de tu vida, a que seas **TÚ** el que se informe de los beneficios y de qué alimentos son los mejores para este proceso, y que seas el único que tenga esta responsabilidad de crear mejores hábitos, como por ejemplo, salir a hacer deporte. Si no te apetece, puedes salir a pasear y a respirar aire puro para oxigenar tus pulmones. Puedes ampliar tu estilo de vida, salir fuera de tu mente y escuchar a tu corazón. En el fondo, sabes que solo **TÚ TIENES ¡¡LA LLAVE PARA SER FELIZ!!**

Yo siempre estaba dispuesta hacer talleres, cursos de maquillaje, charlas, entre otras actividades, porque sabía que toda la información era poca. Quería saber todo sobre la enfermedad, y, por supuesto, buscaba información sobre temas relacionados al proceso al que iba a someterme.

A mí me ayudó mucho internet. Ahora lo tenemos a nuestro alcance y podemos encontrar mucha información al respecto de manera segura.

Pude resolver dudas que tenía. Me gustan mucho las experiencias **POSITIVAS** de otras personas, son las que más me aportan. Escuchar a otras mujeres que han pasado por un cáncer de mama como el mío, hizo que tuviera ese empuje para decir «**YO PUEDO**».

RADIOTERAPIA

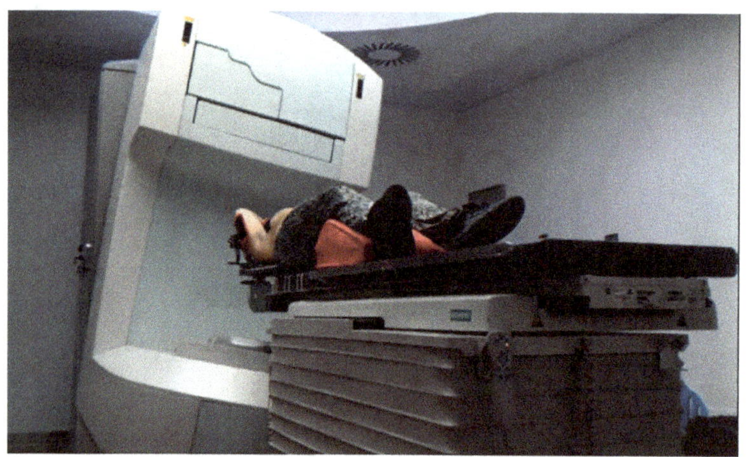

¡¿Radioterapia?! La palabra en sí me lleva a pensar que será una clase de música, ¿verdad? ¿¿Radio?? Suena a música, ¿cierto? ¡Pues no! Y al respecto hago una sugerencia, ya que podrían renombrarla como «quematorapia». Ya sé que suena fatal, pero realmente te quema las células y la piel. Yo no tuve quemaduras hasta la penúltima sesión, y fueron muy leves. Ahora te contaré qué hacía para hidratarme bien la piel.

Lo primero que me hicieron, fueron unos tatuajes milimétricos (puntitos como el cabezal de un alfiler). Para la radioterapia, y aquí viene otro truquillo, sentí e imaginé como si me estuvieran haciendo unos tatuajes con los nombres de mis hijos. Eso me hacía sentir bien. Nunca me había hecho tatuajes, pero me imaginé unos días antes de ir a radioterapia que me iba a doler, así que pensar que me haría los tatuajes con las iniciales de mis hijos me llevaba a un estado de alegría, y gracias a ello creé la vivencia de amor.

Te contaré que la radioterapia fue después de la primera intervención (mastectomía radical de la mama derecha más la linfadenectomía axilar derecha) e inmediatamente después de la colocación del expansor derecho.

Como te dije, no quise estar sin pecho, por eso decidí hacerme la reconstrucción inmediata con expansor. Te digo esto porque en mi hospital de referencia no hacían esta técnica, y decían que dar radioterapia con expansor no lo consideraban para nada aconsejable por los posibles efectos secundarios. Pero para sentirme feliz necesitaba verme con volumen, por eso decidí esa intervención y recurrí a ella en el otro hospital de mi comunidad. Pesaba mucho más mi felicidad; vuelvo a sacar mi empoderamiento, vuelvo hacer caso a mi intuición.

Acudí al centro hospitalario de referencia sin dudarlo. ¡¡Iba a conseguir lo que quería!! Pensar en todas las cosas buenas que estaban ocurriendo hacía que en mi mente se neutralizaran esos efectos secundarios que decían que pasarían y que, por supuesto, no pasaron jamás.

MENTE POSITIVA Y NEUTRALIZAR PENSAMIENTOS NEGATIVOS

Empezó la ¡quematorapia! Ese sería el nombre correcto, ja, ja, ja, ja. Entré en la consulta. No tenía ni idea de quién iba a ser mi doctor/a de radioterapia, ya que hasta ahora me había estado viendo mi oncólogo, el Dr. Malón.

Entré a la sala y me senté. Seguidamente se me explicó en qué iba a consistir la radioterapia y todos los cuidados que tendría que llevar a cabo. Se me entregó una muestra de cremas específicas para hidratar la piel lo máximo posible, para que así pudiera elegir cuál era la más adecuada para mí. Una vez hecha una prueba para ver que mi piel la tolerara, tendría que comprármela en la farmacia, por eso te dan muestras, así puedes saber cuál es la mejor para ti.

Te recuerdo que en ese momento yo estaba con el expansor, y al principio tuve una tensa conversación con la doctora de radioterapia, ya que me encontraba en el momento de llenado del expansor de la mama derecha, así que iba al hospital al que me habían hecho la operación aproximadamente cada quince días.

Ella me decía que no se podía esperar más tiempo, porque había que empezar la radioterapia cuanto antes.

Pero yo aún no había acabado los llenados del expansor en el hospital donde me habían intervenido. Tenía cita a la semana siguiente para la penúltima sesión, y la doctora de radioterapia parecía no estar de acuerdo. Le expliqué en varias ocasiones que aún me tenían que inyectar suero salino y expandir la piel, y que solo me quedaban dos sesiones de inyectado. Le expliqué de una manera coherente que tenía que esperar quince días para poder empezar las sesiones de radioterapia, pero ella me dijo que no podía esperar y que me aconsejaba empezar lo antes posible. Insistí de nuevo en que todo lo que estaba haciendo era para expandir la piel y que solo me quedaban dos sesiones, que por favor empezaran a darme las sesiones pasado ese tiempo. Era muy importante expandir lo máximo posible, ya que la radioterapia puede tener efectos a corto plazo y dejar la piel más tensa. Y, como siempre, hablando se entiende la gente, lo mejor es tener una comunicación directa con el médico. Todas las dudas que te surjan, por favor no te guardes. Tus pensamientos y tus decisiones pueden cambiar el rumbo de tu proceso, y tus emociones son muy importantes, ya que son la clave para ser consciente de todo lo que te está pasando. Saca tu empoderamiento y todas las dudas que te surjan, y comunícalas. Es muy importante que te expreses tal y como eres.

Podrás pensar que esperar dos semanas podría haber sido un riesgo y que tendría que haber hecho lo que la doctora me dijo, pero en ese momento para mí pesaba más llenar el expansor lo máximo posible, y no creía que fuera tan urgente comenzar cuando había personas que por cicatrización no podían darse radioterapia y tenían que esperar a que se les curase la herida, así que puse de nuevo en la balanza ambos factores, y pesaba más la opción del expansor que empezar con la radioterapia.

Que conste que siempre me he hecho responsable de lo que podía suceder. No quiero decir que tú tengas que hacer lo mismo.

Como te digo, para que la enfermedad no sea una cuesta arriba, tienes que hacer lo que te haga sentir feliz, porque escuchar a tu corazón y saber lo que necesitas en cada momento es tan importante como seguir los tratamientos. Fluir con la vida es dejarte llevar por tus sentimientos, que son una reacción de tus pensamientos, así que no tengas miedo por lo que piensen los demás, *¡¡¡HAZ LO QUE SIENTAS DENTRO DE TI!!!*

Por fin llegamos a un punto intermedio, y fue que tenía que ir a la consulta de cirugía plástica y comunicar lo que me había dicho mi doctora de radioterapia, para así, de esta forma, agilizar las sesiones de expansor y hacer el llenado en una sola sesión en vez de en dos.

¿Te das cuenta de que siempre es bueno comunicar las cosas y plantear las dudas que nos surgen? De esta forma, hubo una solución efectiva para las dos.

Antes de empezar las sesiones de radioterapia, tenían que hacerme una prueba y así tatuarme unos puntitos en zonas específicas para que la máquina de radioterapia cogiera de referencia esos marcadores. Gracias a ello, la radioterapia tiene lugar en una zona en concreto y no se sale de los márgenes a radiar.

Como te digo, empiezo con mis trucos de imagen y de sentir. Hablaba con las chicas que me estaban haciendo los puntitos y se reían de cómo era mi forma de actuar antes de cada prueba.

Pensaba en el tatuaje con las caras de mis hijos. ¡¡¡Fue alucinante!!!

Son puntitos permanentes ¡parecen lunares! No me dolió en absoluto. Tengo cuatro, uno en cada lado de la axila, en la zona baja de las costillas, y dos en la zona central del pecho, uno arriba, entre los dos pechos, y el otro abajo, justo a la misma altura que los de las axilas.

Ahora ya estaba preparada para empezar *¡TODOS!* los días con las sesiones. La verdad que es un rollo ir todos los días, casi siempre a la misma hora.

Eso sí, la primera sesión fue la más larga. Luego las siguientes tan son solo de cinco minutos aproximadamente. Supongo que dependiendo de la máquina es que unas tardan más y otras menos.

Me imaginaba algo súper estrambótico, pero no es nada más que otra máquina tipo escáner (PET TAC).

Cuando entré por primera vez, me hicieron tumbarme, y noté que la imagen que tenían en el techo daba sensación de naturaleza. ¡¡¡Me encantaba!!! Había dibujado un árbol con sus hojas marrones, típicas de otoño, y el acompañamiento musical no faltaba, hay un radio *casete* en la sala, y durante esos cinco minutos te transportabas a un lugar mágico.

Antes que nada, quiero decirte que los cuidados eran muy básicos: ducharnos una hora antes de ir a la sesión con un jabón neutro, no echarnos desodorantes ni colonias y, por supuesto, una vez que terminamos la sesión, tapar la zona radiada de los rayos solares. Justo a mí me tocó en agosto, pero me llevaba un pañuelo finito y no me molestaba en absoluto.

Para hidratar la piel mi truco era tener la crema hidratante en el frigorífico, y siempre que sentía calor me la aplicaba cuanto antes. De esta forma, al estar fría me calmaba muchísimo. Me hidrataba como cinco veces al día. No tuve ninguna quemadura hasta el final, y fue un poquito como cuando te quemas en la playa; fue muy leve. Había mujeres a las que no podían darle las sesiones porque tenían la piel con heridas, y claro, no podían hacer ninguna sesión. Una de ellas me vio hablando con otra mujer y me preguntó: «¿CUÁN-TAS LLEVAS?» Y le dije: «¡VEINTIDÓS! Y TENGO LA PIEL FANTÁS-TICA, SOLO ALGO ROJA. EL TRUCO DEL FRIGO ES LA CLAVE».

Creo que también depende mucho de tu piel y de cuánto la hidrates. Por eso, si te van a dar radio o estás en el proceso, te aconsejo que la hidrates todo lo que puedas.

La sesión de radioterapia no duele en absoluto, solo te tumbas y ves cómo una pantalla pequeña gira alrededor de tu cuerpo, permanece durante unos segundos y vuelve a girar para ir a otra zona. Yo escuchaba un pequeño ruido típico de interferencias.

En uno de los vídeos de mi canal de YouTube, está grabado cómo es una sesión de radioterapia. No sientes nada, bueno, algo de frío, porque tienes que quitarte la parte de arriba: camiseta, camisa...

Ya en mi última sesión, al salir de la sala me puse a llorar. Fue como un fin de etapa. Significaba otra armonización de ese círculo. Había cerrado otra etapa más del proceso. Fue otra liberación. Primero, el proceso de cirugía plástica; ahora, la radioterapia, y, poco a poco, empezaba a recuperar mi energía...

Había terminado ¡por fin! La radioterapia. Empezaba un nuevo camino...

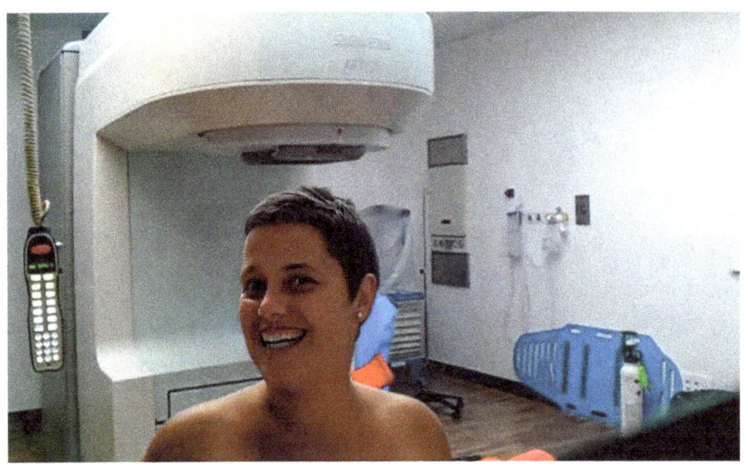

Me gustaría dar las gracias a todo el equipo del Hospital Fuenlabrada, ya que la empatía de los técnicos de radioterapia, de las enfermeras y de los profesionales que están trabajando diariamente, es extraordinaria. Todos ellos te hacen sentir que nunca estás sola y que comprenden los duros momentos por los que estás pasando. Han sido una familia para mí.

GRACIAS, GRACIAS, GRACIAS.

TEST GENÉTICO

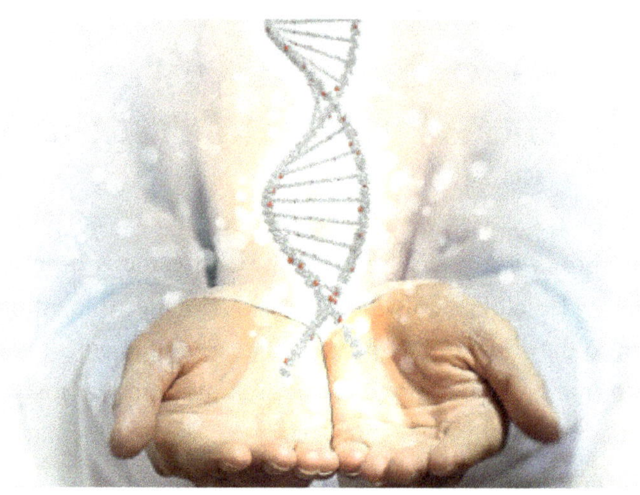

En el momento en el que me dijeron que tenía cáncer, a mí me surgió una duda, y hablando con mi madre le pregunté si podría ser hereditario. La idea rondaba mi cabecita, ya que mi abuela materna había fallecido de cáncer de mama a los cincuenta años. Así que el miedo de si era hereditario o no estaba ahí.

Hablé con Diego, mi oncólogo, para explicarle mi inquietud y comentarle que mi abuela materna había muerto de cáncer de mama. Le pregunté si había alguna forma de saber si mi tumor pudiese ser genético. Él me dijo que en principio no tenía indicios de que fuera hereditario, ya que solo había tenido una generación anterior, y claro, mi madre no había padecido la enfermedad. Me dijo que por lo menos había que tener dos generaciones para que fuera un factor de riesgo. Él me notaba preocupada, así que me dijo que, en principio, al ser tan joven y al haber fallecido mi abuela de cáncer de mama, me redirigiría al CNIO (Centro Nacional de Investigaciones Oncológicas) para un estudio genético de cáncer familiar. En ese momento, mi cara cambió a una expresión de tranquilidad, ya que, por un lado, para mí sería un alivio saber si mi tumor era hereditario o no.

Te preguntarás por qué es bueno saber si es hereditario o no. Pues bien, te diré que si el resultado fuera positivo como hereditario, el punto de vista clínico–salud podría adelantarse para que mi tratamiento fuera también preventivo. ¡¡¡Y eso es fantástico!!! Pensaba e imaginaba una carrera, yo con mi dorsal número 1 frente al tumor con su dorsal 0, ¡¡¡y llevándole una diferencia abismal dentro de la pista en carrera!!!

Así que esperé a que se pusieran en contacto conmigo para realizarme las pruebas oportunas.

Recibí la llamada de Maika González, coordinadora de la Unidad Clínica Cáncer Familiar de CNIO. Su voz era dulce y enérgica. Ella se encargaba de contactar a los/as pacientes y familiares para así poder citarlos en el hospital con el fin de realizarles el análisis de sangre que requiere el estudio genético del ADN.

Maika es de esas **ALMAS DE LUZ** que te transmiten **PAZ**. Para mí es otro ángel de la guarda que la vida me puso en mi camino. Ella siempre tan atenta, acompañándome emocionalmente por este Everest. Jamás perdió esa sonrisa tan dulce, un ángel lleno de **AMOR**, una figura primordial en el acompañamiento para que el paciente oncológico esté tranquilo. Su sonrisa te hace sentir la mujer más importante del proceso. Sabe dar la mano en el momento justo y abrazarte cuando más lo necesitabas. Es una pieza clave en el proceso hacia la *CURACIÓN*.

Fui una de las tantas personas candidatas a realizarse las pruebas genéticas para cáncer familiar, ya que, siendo tan joven y con abuela materna también con cáncer de mama, tenía factores relevantes para arrojar un resultado **POSITIVO**.

Me hicieron el análisis específico para saber si el tipo de cáncer que tenía podía ser hereditario o no.

Los resultados tarda aproximadamente entre seis y doce meses. Justo a mí me coincidieron antes de la segunda intervención (quitar el expansor y colocar la prótesis), y el proceso que iba a ocurrir en mi camino daría un vuelco.

Recuerdo ese día como si hubiera sido ayer, porque Maika me llamó por teléfono pasados doce meses para decirme que me daba cita ese mismo día en el hospital para recoger los resultados del estudio. Como fue tan repentino, fui sola. Mientras estaba esperando en la sala, recuerdo cómo sale Maika y viene directamente a buscarme. En cuanto me vio, me dijo: «¿Has venido sola?» Respondí: «claro, si es que los niños salen del cole a las 14:00 y Raúl va a recogerlos, pero no pasa nada, es solo para los resultados, ¿verdad?» Y dijo con su belleza de sonrisa: «sí, sí, pero era para que estuvieras acompañada».

Entré a la consulta y allí estaba el Dr. Miguel Urioste, jefe de la Unidad de Cáncer Familiar, con otra doctora y Maika.

Empezó Miguel una vez me hubo dado los resultados:

—Bárbara, has dado positivo para la mutación BRCA1. Te explicaré a continuación qué significado tiene este resultado y qué prevenciones tendrías que llevar a cabo.

»BRCA1 es un gen supresor de tumores humano que regula el ciclo celular y evita la proliferación incontrolada. La proteína BRCA1, producto de este gen, forma parte del sistema de detección y reparación de los daños del ADN.

»En las mujeres portadoras de mutaciones en el gen BRCA1, el riesgo acumulado hasta los setenta años se estima entre 51 y 95 % para cáncer de mama.

Le dije al doctor en qué etapa me encontraba de la enfermedad, ya que en pocos días iba a ser la siguiente operación, así él me podría explicar las opciones más beneficiosas. Siendo ya portadora de esa mutación BRCA1, me surgían dudas respecto a la prevención. Me dijo que una vez que ya se había desarrollado el cáncer, tendría un alto porcentaje en creciente según pasaran los años. Me enseñó una escala súper fácil de entender, y a la vez él me iba contando en qué consistía tener esa mutación. Me explicaba que podría tener más riesgo de desarrollar cáncer de mama y también una menor probabilidad de cáncer de ovario según pasaran los años. Así que me dijo que una de las opciones seria hacer mamografía de la otra mama más a menudo y también realizar análisis específicos para detectar un posible cáncer de ovario. Otra posibilidad sería la mastectomía bilateral preventiva y la extirpación de ovarios y trompas de Falopio.

Escuchando y entendiendo toda la información que me daba el doctor, empezaban ya los pensamientos de qué era lo que yo quería. Así que puse en una balanza las prioridades e inconvenientes para mí.

Cuando te dan una noticia de esta envergadura, tienes dos opciones: o deprimirte o ser consciente de todo lo que puedes prevenir. Yo elegí la segunda opción. En la balanza pesaba más que quería seguir disfrutando de la vida, así que decidí tener una operación preventiva, siendo esta una mastectomía bilateral, o sea, extirpar la mama izquierda junto con los ovarios, y trompas de Falopio. Esta última me costó más decidirla porque, aunque tengo dos hijos maravillosos, siempre había querido tener más hijos, pero mi cuerpo–mente–corazón sintieron que lo mejor para mí era dar ese paso. Como ves, mi rumbó cambió para otra dirección. Y pensar que si no hubiera sido por el estudio genético, no hubiera sabido nada y tampoco tendría un control tan exhaustivo como lo tengo hoy en día, pudiéndolo cual podría haber dado lugar a detecciones más tardías, y el resultado podría haber sido un cáncer más avanzado.

Al tomar esta decisión iba a tener más cambios en mi cuerpo. ¡Imagínate volver a pasar por otra mastectomía! Lo que saqué en conclusión fue que mi ADN tiene un error, y es que cuando desarrolla un tumor, no puede repararlo. Por eso el tumor crece de manera incontrolada. Así que mi actitud de siempre de dar la vuelta a la tortilla me hacía ver que **VIVIR EL MOMENTO ES DISFRUTAR DE LA VIDA,** ¡¡y yo quiero bailar y cantar con la **VIDA**!!

Ahora había que dar otro paso más y mi cuerpo tendría una menopausia provocada por la extirpación de los ovarios y trompas, y claro, oír lo mal que lo pasa casi el 70 % de las mujeres...

Ahora pienso que todo depende de con qué ojos lo mires, y que cada cuerpo reacciona de una manera diferente.

Con los resultados positivos, ahora tocaba el estudio familiar y el Centro Nacional de Investigaciones Oncológicas se encargaba de seguir la rama que llevaba esta mutación, así que citaron en primer lugar a mi madre y a mi padre.

Pensarás: «pues seguro que te lo ha transmitido tu madre, como tu abuela tuvo cáncer de mama...», pues bien, eso pensábamos todos, pero los resultados revelaron que mi padre dio positivo en BRCA1, y mi madre no. Por un momento, mi madre estuvo convencida de que ella iba a tener la mutación. De hecho, ya estaba pensando en la operación, y me acuerdo de una conversación en la que le dije: «mamá, ¿¿y si al final tú no tienes la mutación y la tiene papá??

Si nos hubiéramos guiado por las apariencias, hubiésemos dado por hecho que era mi madre y no mi padre, pero al ser mi padre el que había dado positivo, ahora los estudios tendrían que seguir la rama familiar paterna.

A mi padre le explicaron el seguimiento a seguir, ya que esta mutación a los hombres les suele dar más probabilidades de cáncer de próstata y menor probabilidad de otros cánceres.

Con esto quiero darte la seguridad y la información necesaria para que tomes la decisión sobre si tu tipo de tumor pudiera ser hereditario o no. Toma en cuenta que hay varios factores predominantes: edad, familiares directos con cáncer, entre otros. Consulta con tu médico y pregúntale todas las dudas que tengas.

Me gustaría decirte que gracias al CNIO he tenido un gran conocimiento de cómo funciona nuestro cuerpo. Los avances científicos que actualmente llevan a cabo son clave para dirigir y combatir el cáncer, ya que hay una terapia más personalizada.

EL PODER DE LA MÚSICA

Este capítulo es muy interesante, ya que en él te cuento mis investigaciones sobre lo que siento cuando escucho una melodía en concreto, lo cual ha hecho que mi estado físico–mental evolucionara de manera positiva durante la enfermedad.

Siempre me ha gustado mucho bailar. Creo que nuestro cuerpo en movimiento reproduce una vibración en sintonía y crea energía para transformarla en nuestro estado emocional. Seguramente, has tenido momentos en los que bailar te ha transportado a otro universo, por lo menos yo lo he sentido así y quiero ayudarte a que tengas un equilibrio armónico.

Si no eres de las personas a las que les gusta bailar, seguramente escuchar música te encante. He buscado muchísima información sobre las frecuencias y me he quedado perpleja al saber que, dependiendo de qué tipo de frecuencia escuchemos, tenemos una determinada repercusión emocional en nuestra alma.

Se han hecho muchas investigaciones sobre este tema, ya que el poder del sonido ha sido en varias ocasiones un plan importantísimo para la ciencia.

El sonido se mueve en forma de onda, modificando mediante frecuencias todo cuanto encuentra a su paso. Esa fuerza intangible interactúa con todo lo que nos rodea, proyectando su invisible energía sobre nosotros y lo que nos envuelve. Tiene un poder no solo físico, sino también químico y espiritual.

Desde tiempos antiguos, el ser humano se ha interesado en el poder curativo del sonido. Uno de los estudiosos del sonido en la historia fue Pitágoras, quien basó su investigación en la reacción generada en el cuerpo humano por ciertos acordes y vibraciones. La música, al ser vibración, tiene una reacción en nuestro cuerpo debido a que las vibraciones afectan de manera positiva o negativa a las moléculas del agua, y nuestro cuerpo está compuesto en un 70 % por este líquido vital.

Estas vibraciones musicales han sido utilizadas desde hace millones de años, y fueron conocidas como frecuencias *solfeggio*, las cuales fueron utilizadas por los monjes gregorianos cuando cantaban en estado meditativo.

> «El cuerpo se mantiene unido por el sonido: la presencia de la enfermedad indica que algunos sonidos se han ido fuera de tono». — Deepak Chopra

Se han hecho algunos experimentos que muestran de manera tangible la afectación directa del sonido sobre la materia. Ernst Chladni, físico alemán del siglo XVII, conocido como «el padre de la acústica», impresionó a los científicos franceses y al propio Napoleón en 1809. Para demostrar su tesis de que las vibraciones del sonido podían mover la materia, echó arena en un plato colocado en un pedestal y pasó luego un arco de violín por el borde del plato. Instantáneamente, la arena se agrupaba formando preciosas formas geométricas, parecidas a un mandala.

A raíz de la enfermedad, todas las noches realizo meditaciones con solfegios sanadores. La frecuencia 174 *Hz* nos ayuda a disminuir dolores y la falta de energía, lo cual facilita el correcto funcionamiento de los órganos. La frecuencia 285 *Hz* nos ayuda a que las células y tejidos vuelvan a su estado original, así que es ideal al momento de curar heridas cortes, quemaduras o cualquier otro tipo de tejido dañado. La frecuencia 396 *Hz* nos permite liberarnos del miedo y limpiar el sentimiento de culpa que obstaculiza nuestra realización. La frecuencia 417 *Hz* es muy utilizada para liberar la energía negativa, así que sirve para limpiar experiencias traumáticas y para disolver influencias destructivas de eventos pasados, al tiempo que estimula las células y el ADN para que funcionen de manera adecuada. Me apasiona el mundo del sonido, ya que hasta que no empecé a investigar más sobre el tema, fui poco a poco experimentando las sensaciones que producían cada una de estas melodías. El resultado fue sorprendente. Busqué información de cómo meditar, probé y encontré unas meditaciones guiadas, ahora mi gran amiga MÓNICA, de la que estoy enormemente agradecida por sus vídeos de Youtube, su canal se llama(Omnity Meditación), las cuales me aislaban de lo terrenal y me transportaban al interior de mi consciencia. Es espectacular viajar por el infinito mundo de posibilidades, sanando heridas, activando niveles de consciencia, sintiendo que tu ALMA está en armonía y experimentando PAZ INTERIOR.

SOLO CONSISTE EN PRESTAR ATENCIÓN A TU RESPIRACIÓN.
SOLO RESPIRA.

Así que empecé con las meditaciones nocturnas. Antes de irme a dormir, me ponía mis auriculares y solo me dejaba llevar por el universo musical. Como resultado, al levantarme por la mañana era como haber dormido entre algodones. Me encontraba descansada tanto física como mentalmente.

Pienso y siento que la música tiene un gran **PODER**.

Te animo a que realices meditaciones y veas los resultados tan positivos a nivel físico–mental, emocional y curativo, este último es el más importante.

Cuando llegaba a casa después de darme una sesión de quimioterapia, lo primero que hacía era tumbarme en la cama, cerrar los ojos y concentrar mi atención en la respiración. Sentía cómo una energía invadía mis párpados, mis brazos, piernas... mi cuerpo entero. Sabía que esa energía sucumbía en mi alma. Ella detectaba cuándo entraba en un estado de relajación profunda. Esa vibración producía en mi cuerpo unos pequeños calambres que en mi interior sabía que estaban activando las células vitales para vencer al cáncer. Se comunicaban a través de la sangre, de la linfa, del oxígeno... todo era una orquesta de sanación.

El mensaje era claro: ¡Curación!

El resultado tan evidente fue que los efectos secundarios de la quimioterapia resultaron imperceptibles, y jamás me salté ningún ciclo, pero jamás tuve las defensas bajas.

¿QUÉ OTRA PRUEBA NECESITAS PARA INTENTARLO?

En casa apenas veo la televisión; siempre la música resuena en mi hábitat.

Todo tiene su causalidad, así que si vibras en la misma frecuencia de **NO ENFERMEDAD**, tu cuerpo elevará esa energía y verás resultados que físicamente son reales, porque la vibración se materializa. Así que trabaja en armonía con lo que quieres, y tus creencias cambiarán tu realidad.

Los pensamientos influyen en tus emociones, ya que si oyes música triste, tendrás estados de ánimo triste, pero si, al contrario, escuchas melodías armónicas positivas, estas provocarán un cambio en tu vibración, y tu cerebro hará cambiar tus creencias. Ahí será cuando los cambios empezarán a ser notables, y tu curación estará en camino. No dejes que las emociones negativas te controlen, tú puedes aprender a manejarlas. Un buen ajuste emocional favorece un mejor pronóstico, y la prueba es que después de casi diez años sigo **VIVA**.

EL PENSAMIENTO

Según las religiones, ¿qué es el pensamiento? Ideas, conceptos e imágenes que se conciben en la mente de una persona. La facultad de pensar es un don de Dios, y tenemos la libertad de escoger cómo usaremos dicho poder.

> «¿Cómo que si puedo? Para el que cree,
> todo es posible». — Marcos 9:23

¿Qué es el pensamiento? Desde mi punto de vista y de lo que he ido aprendiendo durante estos últimos años (aunque en mi infancia lo hacía de manera inconsciente y ahora con mi consciencia), siento que con los años vamos perdiendo ese conocimiento del alma, y que, con el paso de los años, el despertar de la humanidad va haciendo que cada ser humano, según sus creencias, se vaya encaminado hacia un oscuro espacio sin salida. En ti está el cambio hacia tu **FELICIDAD**, así que, luego de haber analizado el pensamiento, mi creencia es muy simple: el pensamiento es **YO SOY**, y para llegar a esta conclusión, me basé en mi experiencia de vida.

Por ello quiero compartirla contigo y hacerte de este un proceso un aprendizaje para que alcances tu bienestar.

¿Por qué digo «yo soy»? En este capítulo te explicaré muy detenidamente mi punto de vista y, por ende, mi forma de vivir. Si mi experiencia con el cáncer ha hecho que transformé el MIEDO por AMOR con mi energía positiva y así impregnar estas hojas con lo que viví de manera consciente, sé que si actúas con el corazón de igual manera llegarás a tener una experiencia con el cáncer tan consciente, que te darás cuenta de que todo, absolutamente todo, en esta realidad es un proceso de aprendizaje, y que las barreras solo son límites de tu mente, rompe tus limitaciones y encontrarás el propósito de tu vida.

Ahora te diré que ese «**YO SOY**» es la vocecita que día tras día te acompaña. Siempre está a tu lado, con tus alegrías y tus tristezas. Así que, ¿por qué no escuchar más detenidamente a esa voz interior, a esa intuición? Si pones más atención a los sentimientos que segregan tus pensamientos, podrás hacer que esa voz tenga sentido para ti, solo has de conectar tu corazón con tu pensamiento.

Te hablo del pensamiento porque sé que también tiene un gran poder sobre nuestra vida. Actualmente, estoy más segura de que…

LOS PENSAMIENTOS SON LOS ESCALONES DE TU VIDA.

¡¡PENSAR ES CREAR!!

Las creencias son las responsables de las áreas de tu vida. Si quieres una vida llena de salud, tendrás que aplicar estos principios. Yo he tenido mi experiencia, y por eso me gustaría transmitir mi **CURACIÓN**.

Sé el maestro de tu mente. Guía tus pensamientos hacia donde quieres ir.

Te habrá ocurrido de encontrarte con personas que te transmiten positividad y que llegan a tu corazón. Capta y vincula tus emociones con tus sentimientos hacia esa onda. Si hay personas tóxicas a tu lado intenta que esa vibración acabe lo antes posible, ya que tu aura recoge toda esa vibración y se impregna en tu cuerpo físico, mental y espiritual.

Llevando a cabo todos estos pasos diariamente y cogiéndolo como estilo de vida, harás que todo fluya en tu ser y que el Dios que creías que no te acompañaba, ahora ha despertado. Dios es energía. Dios es **AMOR**. Dios está en *TODO*. ¡¡¡*DIOS ERES TÚ*!!!

INTUICIÓN

La intuición, según la ciencia, es el pensamiento intuitivo que se produce en una zona del cerebro próxima a la glándula pineal. Esto es en el entrecejo, justamente en la mitad de la frente. La intuición no es controlada voluntariamente, sino que aparece como una especie de «inspiración». ¿No te pasa que a veces tienes el presentimiento de que algo no anda bien con alguna persona o situación, o cuando en el fondo sabes que cierta persona es el amor de tu vida? ¿También te ocurre, que entras en un lugar y percibes una sensación con mala vibra y dices «yo me voy de aquí»?

Eso me pasa muy a menudo, y creo que a todas las personas también les sucede. Seguro que a ti también, ¿verdad?

Empieza por hacer más caso a tu intuición, por buscar tu propósito de vida para pasar a la INTENCIÓN. Todo tiene un sentido. Todo tiene un para qué.

El cáncer es un claro ejemplo de porqué estás aquí, y ahora más que nunca tienes que preguntarte para qué has venido, qué misión tienes qué te hace ¡¡FELIZ!!

La respuesta de por qué has venido a la vida terrenal, es porque tienes un **DON** para compartir con los demás, te lo aseguro, y el **CÁNCER** (respira y siente) es un mensaje para ti.

¿POR QUÉ HAS SIDO EL/LA ELEGIDO/A?
¿PARA QUÉ TE SUCEDE?

LISTA DE DESEOS

Te diré que este capítulo es un ejercicio que tendrás que realizar si quieres que tu enfermedad cure y sane. También te comento que podrás aplicarlo en cualquier área de tu vida. Me centro en la enfermedad porque es la vivencia que he tenido que experimentar para darme cuenta de que hoy **SIGO VIVA** con el propósito de ayudar a más personas como tú. Siento que puedo actuar sobre las consciencias de todas las personas por las que actualmente están pasando por un cáncer.

Como habrás podido leer, mi vida está llena de situaciones por las que he sido maestra de mis experiencias.

Es más simple de lo que parece, pero tienes que ser constante y paciente. Todo llega…

Coge un lápiz y un papel, y escribe lo siguiente:

*MI SALUD ESTÁ PLENAMENTE SANA.
*ME SIENTO MUY SALUDABLE.
*ME SIENTO CON UNA ENERGÍA INAGOTABLE.
*MIS CÉLULAS TRABAJAN PARA SANAR MI CUERPO.
*¡ESTOY SANA/O, LIBRE DE ENFERMEDAD!
*¡ME SIENTO MÁS VIVA/O QUE NUNCA!

Este papel lo tendrás que leer todos los días antes de irte a dormir. Tendrá que ser un mantra para que así cojas el hábito y que se grabe en lo más profundo de tu ser:

¡EL ALMA!

Esto solo es un ejemplo de las frases que puedes escribir. Yo así lo hice y siento cada letra que escribí.

Tienes que tener un propósito. Si ahora te encuentras pasando la enfermedad, **SIENTE** que te has curado/a, **SIENTE** que el cáncer ha desaparecido, **SIENTE** que no queda ni una sola célula cancerígena en tu sangre, en tu cuerpo, en tus órganos, en tu espíritu.

Todo es energía. Si proyectas y sientes con **AMOR**, la **FE** se consolida, así que en tu camino lograrás **CURAR** la enfermedad. No puedes tener una mínima duda que no es cierto, ya que la energía vibra, y si vibra con duda, las vibraciones no serían las correctas y seguirás teniendo un patrón de **DUDA**.

Es difícil cambiar tus creencias, pero con ayuda de meditaciones, reprogramación mental, constancia y fe, podrás conseguir todo lo que te propongas. Así que ponte manos a la obra y sé optimista. El empoderamiento es un papel fundamental en la magia de la sanación; jamás pienses que la enfermedad hará que tus días estén contados.

No soy científica ni médica, pero sí he pasado por un cáncer de mama en el 2013 y hoy sigo **VIVA**. ¿Qué más quieres que te demuestre?

Transmito y comparto mi experiencia porque siento que los resultados que he obtenido a nivel emocional, a nivel espiritual y a nivel personal han hecho que la enfermedad desaparezca.

Por ello quiero compartirlo contigo, para que tú también puedas hacerlo y así transformar tu vida. Aprende de personas que tengan resultados reales, no de datos.

¿Te acuerdas que al principio te dije que agradecía a todas las personas que he conocido en mi vida porque **TODAS** me han hecho sentir que hay algo más?

ESA ES LA FE.

¿Tienes fe? ¿Sientes que hay algo más allá? Si tu respuesta es «no», te diré que antes de mi diagnóstico, yo tampoco la tuve, pero ahora y en este preciso momento de mi vida, mi fe es tan grande y absoluta que no tengo miedo a nada, y cuando digo nada es **NADA**.

Si, por el contrario, tu respuesta ha sido afirmativa, te diré que durante el cáncer (respira), algunas personas que tienen fe tiran por tierra todas sus creencias, piensan que ya nada existe, se sienten abandonadas, creen que su fe les han dado la espalda, que su Dios ya no está a su lado.

Pues aquí entra **LA FE.** La fe es una creencia y esperanza personal en la existencia de un ser superior (un dios o varios dioses), y que generalmente implica el seguimiento de un conjunto de principios religiosos, de normas de comportamiento social e individual y de una determinada actitud vital, puesto que la persona considera esa creencia como un aspecto importante o esencial de la vida. «Tener fe» es un concepto tan **INVISIBLE** a los ojos, pero a la vez tan sentido por todos los seres humanos que todos y cada uno de nosotros siempre que preguntas: «¿Crees en Dios? ¿Crees que hay algo más?» Responde siempre de la misma manera:

«CREO EN ALGO».

UNOS TE DICEN QUE CREEN EN DIOS, OTROS EN ALLAH, OTROS EN LA FUERZA INFINITA...

Esa sensación es la **FE,** sentir que no estamos solos, sentir que **TÚ** eres el mayor **CREADOR.** Ese dios que crees **EXTERNO** a ti está en **TU INTERIOR.** Tu alma está a tu lado. Es sentir que va a salir todo bien. Cuando sientes la **FE,** es estar **CON EL TODO,** es estar en sintonía con el **UNIVERSO,** es estar en armonía con el **AMOR. DIOS ERES TÚ,** por eso sientes que hay algo, y ese algo es **TU ALMA.**

¿QUIERES VIBRAR Y ARMONIZAR CON EL TODO?

En la enfermedad aprendes muchas cosas. Cada situación que pasa en tu vida es la vibración que mandas. Por eso creo y siento que mi experiencia te transmitirá esperanza y te ayudará a comprender los estados de consciencia, para que así, en el proceso de la enfermedad, no estés sola/o. Yo he pasado por ello y comparto contigo mi **HISTORIA DE VIDA.**

GRACIAS, GRACIAS, GRACIAS.

Con esta lectura quiero darte ánimos para que puedas seguir disfrutando cada momento. Estamos para **VIVIR,** disfrutar de la familia, de los hijos, de los padres y de los abuelos. Y al compartir con ellos este proceso, para ti todo será más fácil y para ellos será un acompañamiento pleno.

Este capítulo me gusta mucho porque te quiero transmitir seguridad y confianza en ti misma/o. Para mí, que tengas cáncer y que debas pasar por todos los tratamientos, me hace empatizar y llegar a tu corazón.

Siempre he sido muy risueña y alegre con la vida. Nunca paro hasta encontrar respuestas. Río con el **UNIVERSO,** sueño despierta y canto bailando porque me encanta bailar, disfrutar cada segundo de mi vida haciendo lo que más me hace feliz…

¡¡¡¡¡DISFRUTAR DE LA VIDA!!!!!

Ahora que te sientes con más impulso que antes, y si de verdad sientes que este libro te ha dado energía a tope para disfrutar de la vida, te propongo que compartas tu experiencia y que entre todos hagamos esa red maravillosa de **AMOR**. Entre todos podemos cambiar el planeta y hacer que cada acción individual sea una acción **UNIVERSAL**. Comparte este libro si te ha ayudado ¡¡¡y te lo agradecerán!!!

Por último, quiero revelarte que toda mi historia me ha hecho responder al título de este maravilloso libro.

El porqué y el para qué de las cosas siempre me los he preguntado desde pequeña, y esta ha sido mi gran prueba de que ¡nada es casualidad! Sino que todo tiene un sentido. Ver qué es lo que te está sucediendo en la vida, tiene un significado, y eso es ¡maravilloso! Y ese es el **RESULTADO** para lograr tu mayor creación.

CÁNCER, ¿POR QUÉ VINISTE? ¡AHORA SÍ LO SÉ!

MI PROPÓSITO.

¡GRACIAS, GRACIAS Y GRACIAS!

TE QUIERO.

¡DISFRUTA DE LA VIDA!

WWW.CANCERPORQUEAMI.COM

TESTIMONIOS

Conocí a Bárbara hace unos años a través del voluntariado que como miembro de la Asociación Círculo Ávalon realizábamos en el Hospital de Fuenlabrada. Como Asociación, nuestra labor consistía en dar sesiones de Técnicas Energéticas de Relajación (Reiki). Los martes y jueves por la tarde acudíamos al Hospital de Día, felices por la oportunidad de acompañar y ofrecer nuestras sesiones a los pacientes que iban a recibir tratamientos, en especial, de quimioterapia.

Sabíamos que estas sesiones eran válidas, cuando pacientes, como creo que fue el caso de Bárbara, solicitaban recibir su tratamiento los días que Círculo Ávalon iba al Hospital.

Así fue como conocí-conocimos a Bárbara. Desde el primer momento sentimos que era una persona abierta a recibir; fuerte, alegre, capaz, decidida a curarse apoyada por el tratamiento, su familia, Reiki... pero sobre todo por esa determinación clara de que la Vida siguiese obrando a través de ella.

Creo que esa determinación y la de compartir su experiencia de que "se puede", es lo que la ha llevado a publicar este libro. Sabemos que será un éxito y de gran apoyo a las personas que como ella, saldrán adelante en su proceso. Bárbara, desde su experiencia, y gracias a este libro, ayudará a que sea posible.

GRACIAS, BÁRBARA, POR TU EJEMPLO.

Aberlardo Arguedas(Maestro de Reiki).
Asociación Círculo Ávalon.
(Madrid)

Mi mensaje es una frase conocida que adopté como frase de vida un día de sesión de radioterapia. Me paseaba por los largos pasillos del Hospital Doce de Octubre, vi un cuadro y allí estaba, sentí que era un mensaje dirigido a mí: "Si lloras por no haber visto el sol… las lágrimas te impedirán ver las estrellas."

Susana Martín Núñez
Humanes de Madrid (Madrid)

"Después del impacto que supone enterarte de que estás enfermo viene" la lucha, la cual cada uno enfrentamos de una manera porque tenemos razones diferentes para conseguir vencer esta enfermedad. Yo me aferré fuerte a esas razones y saqué fuerzas de donde, a veces, no había para conseguir la meta, volver a estar sano para seguir disfrutando de la vida.

Marta Pastor Portugués
(Madrid)

"El cáncer me enseñó a parar de guardar cosas para una ocasión" especial. Cada día es especial. No tienes que tener cáncer para vivir una vida al máximo. ¡Vive el momento!

Sandra Hernaz Gonzalez

(Badajoz)

"Soy una de esas personas que dirá, «mi cáncer fue un regalo»."

Emilia Lopez Sanz

(Valencia)

"Nunca te rindas. La vida merece la pena. Hay vida tras el cáncer."

Natalia Gil Moreno

(Asturias)

Un día te darás cuenta que no eres una sobreviviente más, sino una persona valiente que JAMAS se rindió.

Sonia Merchán Carralero

(Galicia)

No te detengas, sé fuerte, no tienes ni idea de lo Poderosa que puedes llegar a ser.

Alicia Estrada
(México)

Tengo cicatrices de lucha en mi cuerpo, pero Paz en mi Corazón.

Soraya Cárdenas Martin
(León)

El Optimismo es la Fuerza Universal que hizo que mi enfermedad fuera desapareciendo, y me di cuenta siendo consciente que todo en la vida hay que vivirla intensamente.

José Enrique García Soto
(Bilbao)

Toma la acción y ayuda a otras personas a que su vida tenga sentido. Si este libro te ha sido de gran ayuda, me encantaría que fueras un hilo conductor y que compartas con todas las almas a encontrar su **VERDADERA ESENCIA.**

Recuerda......

¡SER FELIZ ES LA CLAVE!

«DISFRUTA DE LA VIDA»

Dar de nuevo las gracias, a mis **ÁNGELES** de la guarda que han podido estar a mi lado y ser partícipe de esta **MARAVILLOSA HISTORIA BASADA EN HECHOS REALES.**

ÁNGELES COLABORADORES

Maquetación:
Michael García
Diseñador Gráfico – Editorial Letra Minúscula

Portada Fotógrafo Profesional:
Israel Martin
Instagram: @isramartinphoto

Contraportada:
Mercedes Montero